ライブラリ 電子社会システム 4

インターネットにおける著作権取引市場コピーマート

北川善太郎 監修
コピーマート研究会 編

electronic society

新世社

はしがき

1　これはわが国で十数年前に生まれたアイディアの話である。当初はコピーセールといったが，後にコピーマートと称しているものである。

　1980年代にソフトウェア著作権をめぐり日米間で巨額の紛争が巻き起こった。その前後から監修者は文化庁と通産省の審議会委員として新しい情報財であるソフトウェアの法的保護の審議に参加した。さらにソフトウェアの欧米調査や国際シンポジウムに法学者として関わった。ソフトウェアが著作物であるかは，いうまでもなく著作権法制にとって重大問題であるが，それと同時に，技術と情報と法にまたがる新鮮で魅力的な学際的な問題であった。それを受けとめるために産学連携の共同研究を数年間(財)比較法研究センターで実施した。コンピュータ技術，ディジタル技術と著作権制度とが接する中から発生する諸々の問題に触れることができた。それとともに著作権ビジネスが抱えるディジタル技術問題の深刻さも痛切に感じることになった。

2　コピーマートへの流れは一つの講演が起点になった。1988年，監修者がドイツのマールブルグ大学で講義中にロンドン大学のコーニッシュ教授から講演の依頼を受けた。同教授は著作権法の第一人者である。当時，日本の半導体産業がメモリで世界をリードしていた時代であり，テーマとして日本の立法過程を考えたが，WIPOにおける条約審議の帰趨が定まらない折りであり適当でないと思った。そこでコピー問題をとりあげた。当時，複写機の性能が向上し機種によっては150カ所程度の複写データを一括処理できるところまで発達していた。そこでそうした機能を持った複写機を書店に配置して，新刊書の販売と同時にオンディマンドで電子コピーを店頭で販売する，という契約システムを考案した。これがコピーセールである。権利許諾条件付きの二次元バーコード（数千字がごく小さいスポットに収まる）を各頁に埋め込む仕組みである。その後，インターネットが普及する中から，コピーセールはコピーマートに発展し

ていった．本書がその経緯を明らかにしているが，1993年から1997年にかけてであった．

3　本書の主題であるコピーマートは当初から法モデルの確定まで監修者の学説であった．しかしながらこの問題はそれにとどまることなく，1990年代の終わり頃から学際的な共同研究に向かった．特筆してよいのは総合研究開発機構（NIRA）の委託で(財)比較法研究センターがまとめたコピーマート論であった．やがてコピーマートのコンピュータシステムの設計が研究課題として登場する．このあたりから監修者個人の研究や共同研究会から一つのプロジェクトに展開していく．当時，文系に対する大型プロジェクトはなかったのが，コピーマートに対し，研究助成を受けることになった．その1は文部科学省（当初は日本学術振興会）の未来開拓学術研究推進事業の複合部会『電子社会システム』の一つに採択された(財)国際高等研究所（高等研）『情報市場における近未来の法モデル』である．いま1つは文部科学省の私立大学学術フロンティア推進事業『高度情報社会における知識情報システムの開発研究：コピーマートの教育実践を手掛かりとして』であり，コピーマート名城研究所が設立された．

　ともに1998年から5年間のプロジェクトで監修者が責任者である．プロジェクトの実施段階に入ってまもなく十分には予期していなかった多くの問題に遭遇することになった．コピーマートは法モデルとして定着したものの，どの研究課題をとってもその内容が契約，著作権，情報，コンピュータ，ソフトウェア，ビジネス等を有機的に連動させておかないと研究が進展しないのである．こうした事態は関連する専門用語から始まる（「解釈」という言葉が法とソフトウェアではまったく異なる意味で用いられている）．そのために個別の内容もときには課題すら理解が容易でなかった．コピーマートの提唱する「著作権とディジタル技術との契約システムによる共生モデル」の理解，著作権と著作権ビジネスの遭遇する問題とコピーマートの関わり具合，たとえばコピーマートにおける著作権者と著作権ビジネスの関係，コピーマート・ソフトウェアと法解釈問題とのインターフェイス，「権利の束」である著作権をプログラム上処理す

る要求仕様の開発方法，コピーマートの汎用性を考慮したコピーマート契約モデル策定，大学や研究機関におけるコピーマートの応用（新しい事務部門や会計システムが必要）等々，どれをとっても難問ぞろいである。ましてコピーマートグループの企業との共同研究は，装置を導入して実験を行うプロジェクトでないだけに産学連携の壁を多く経験した。考えてみれば，どれもが従来の理系中心のプロジェクトとは異なる性質の問題を抱えているものであり，それぞれが独自の学際的共同研究となるようなものである。

さて上述した諸問題に直面しながらコピーマート・プロジェクトではそれぞれに対してある程度の解答を出してきた。高等研の学術情報システムやコピーマート名城研究所のオンライン日本法で具体的なビジネスモデルが芽を出してきた。またこれからの方向についても見通しが見えてきた。しかし2つのプロジェクトの到達段階ではコピーマートが情報社会における法基盤として機能しているとはいえない。これはコピーマートがその応用分野として著作物はもちろん知的財産や情報，さらにはビジネス・システムに広範に関わる，という「コピーマートの汎用性」に由来する。しかしながら2つのプロジェクトはコピーマートの汎用性について見取り図を描き出した。今後は，コピーマートのより深い基礎研究とビジネスモデルの具体的構築がその方向である。近く設立予定の特定非営利活動法人「コピーマート研究所」がそのための拠点となることを期している。

4 さて，2つのプロジェクトの実施にあたり，幹事役の(財)比較法研究センターで週1回，定例のコピーマート研究会を開催することになった。本書の母体となっている研究会である。コピーマート・プロジェクトの関係者はだれでも研究会に随時参加して，報告あるいは意見交換をした。内外のシンポジウムや研究会の打ち合わせにもかなり時間をさいて検討した。本書はこのコピーマート研究会が編集したものであり，その執筆者とは数年間コピーマートに関連するあらゆる論点についてともに考えてきた。本書の企画は，その中から担当者を決めて案づくりを進め，ようやく今年の夏の終わり頃に編集方針の大綱を数

名の諸君と一緒に決めた。そこに至るまでの間, (財)京都高度技術研究所山田篤情報メディア室長と滋賀大学経済学部須永知彦講師は研究会に参加し実質的な舵取りをしていただいた。

　本書の刊行はコピーマート研究にとって一歩前進であった。本書には通常の書物の章立てとは異なる工夫をした。とくにコピーマートという新しいテーマであるので, 各章間のインターフェイスをとるための「ナビゲーター」, コピーマートのエピソード等を挿入した「コピーマートの片隅」, コード付きの「コピーマート関連用語集」等がそうである。

5　コピーマートについてほぼ同時に2冊の書物が刊行されることになった。本書と拙著『コピーマート　情報社会の法基盤』(有斐閣)である。数年前から監修者はコピーマートに関して発表してきた論考をまとめる予定であった。ことにコピーマートがプロジェクトとして展開する段階でコピーマートの提唱者としてその必要性を感じた。それが有斐閣から上梓する研究書であり, コピーマートを「情報社会の法基盤」という視点から捉え, 近未来の法モデル論の一環としてその構想の生成から展開をたどり, 情報法からのコピーマートの分析に重点を置いている。

　本書のほうは「電子社会システム」推進委員会の企画によるシリーズの一巻である。時期的に有斐閣のほうが先行していたので, 同じコピーマートを扱うにしてもまたコピーマート研究会の共同編集であるとしても両書の関係をどう扱うかにかなり苦労した。まず私は最終段階まで本書の編集には関与しない方針を決めた。すでに発表した諸論文は別であるが, 拙著の構成や目次は本書の編集担当者に示さないで彼らの討議に任せた。ただ本書の目次策定の最終段階から監修者として両書の特色を勘案しながら編集会議で共同討議を重ねることになった。その結果, 本書第2章「コピーマート——合意システムとしての著作権取引市場」は拙著第3章第3節「コピーマートの誕生——合意システムとしての著作権取引市場」を転載することとした。この点について両出版社の了承を得ているが, ここであらかじめ読者にお断りしたい。この論文は, 1996年, 北

川編『知的財産法制——21世紀への展望』（比較法研究センター10周年記念出版，比較法研究センター研究叢書第5号）に掲載したものを加筆修正したものである。それはそれまで外国で発表してきたコピーマート論をまとめたものであるが，コピーマートの創成期の主要論文である。したがってコピーマートをテーマとする両書の共通論文とすることが許されよう。また，両書がコピーマートを扱うことから同じ形式のコード付きのコピーマート関連用語集を作成している。その用語の大部分は共通している。コピーマート関連用語における両書の論述を比較対照することから読者がよりまとまった視野からのコピーマート像を描き出されるものと期待している。

　すでに触れたが，一般向けの出版であることから章節とは別に「ナビゲーター」や「コピーマートの片隅」を本書に挿入した。またコピーマートは外国における発表が先行した関係で，外国における評価等をまとめた一章を設けている。本書は，コピーマートが法モデルとして定着した段階で，その概要ととりわけ応用分野の具体像を浮き彫りにすることを意図している。

　最後に，本書の出版にあたりお世話になった新世社編集部の御園生晴彦さん，菅野美雪さんの熱心なご助力に心から感謝したい。また(財)国際高等研究所特別研究員の宮脇正晴君にはコピーマート関連用語集の選定と共同執筆者の原稿の整理を担当していただき，本書の出版が効率的に準備できた。紙面を借りて同君に謝意を述べたい。

2002年12月

北川善太郎

▶ 目　次

第1章　穏やかでない著作権社会【1.】　　　　　　　　　　　1

1.1　はじめに【11.】……………………………………………2
　　1.1.1　インターネットと著作権【11.1】　2
　　1.1.2　よりいっそうユビキタスになった著作物【11.2】　3
　　1.1.3　シェアリングされる音楽コンテンツ【11.3】　4
　　1.1.4　「無数の個人」による違法行為【11.4】　5
　　1.1.5　技術革新と著作権法制【11.5】　6

1.2　穏やかでない著作権社会【12.】……………………………7
　　1.2.1　噴出する著作権問題【12.1】　7
　　1.2.2　権利者と利用者がせめぎ合うディジタル・ネットワーク【12.2】　13
　　1.2.3　どのように解決すべきか【12.3】　16

1.3　コピーマートによる発想の転換【13.】……………………19
　　1.3.1　技術による著作権の管理──ECMS／DRMS【13.1】　19
　　1.3.2　コピーマート【13.2】　20
　　1.3.3　知識ユニット【13.3】　20
　　1.3.4　いまや一般化したコピーマート【13.4】　21

1.4　まとめ【14.】………………………………………………22

　　|コピーマートの片隅①|　「誌上シンポジウム：『コピーマート』で広がる
　　　　　　　　　　　　　　マルチメディア時代の著作物利用」　26

●第2章へのナビゲーター【2.n】　29

第2章　コピーマート【2.】
── 合意システムとしての著作権取引市場　　　　31

2.1　まえがき【21.】……………………………………………32
2.2　大量コピー問題と著作権の集中処理システム【22.】……33
2.3　ディジタル技術とマルチメディア著作権問題【23.】……35
2.4　発想の転換【24.】…………………………………………37
2.5　コピーマートの構造【25.】………………………………39
　2.5.1　大　要【25.1】　39
　2.5.2　著作権マーケットと著作物【25.2】　40
　2.5.3　システム契約としてのコピーマート【25.3】　41
　2.5.4　マーケットとしての特色と権利の集中処理機能【25.4】　44
2.6　コピーマートが利用される分野【26.】…………………48
2.7　情報文化の担い手としてのコピーマート【27.】………49
　　コピーマートの片隅②　「コピーマートとコピースマート」　59

●第3章へのナビゲーター【3.n】　61

第3章　2つのコピーマート・プロジェクト【3.】　63

3.1　「情報市場における近未来の法モデル」【31.】…………64
　3.1.1　国際高等研究所（高等研）の学術情報システムとコピーマート【31.1】　64
　3.1.2　国際高等研究所（高等研）【31.2】　65
　3.1.3　国際高等研究所の研究プロジェクト【31.3】　66
　3.1.4　高等研の学術情報システム【31.4】　69
　3.1.5　コピーマートのビジネスモデル【31.5】　73
　　コピーマートの片隅③　「あるインターネット出版」　75

3.2 「オンライン日本法（JALO）」【32.】 ……………………………… 77
    3.2.1 教育をめぐる諸問題とオンライン日本法【32.1】　77
    3.2.2 教育システムとしてのオンライン日本法【32.2】　81
    ｜コピーマートの片隅④｜　「二問目の壁」──学習テストから　85
    3.2.3 オンライン日本法による教育実践【32.3】　87
    3.2.4 オンライン日本法の課題と可能性【32.4】　90
    3.2.5 教育コピーマートの可能性と展望【32.5】　92
    ｜コピーマートの片隅⑤｜　「近未来との出会い」　99

●第4章へのナビゲーター【4.n】　101

第4章　コピーマートの汎用性【4.】　103

4.1 コピーマートの広がり【41.】 ……………………………………… 104
4.2 映像コピーマート【42.】 ………………………………………… 107
    4.2.1 多チャンネル・ブロードバンド時代を迎えて【42.1】　107
    4.2.2 映像コンテンツ流通の現状【42.2】　108
    4.2.3 映像コンテンツ流通についての著作権問題【42.3】　109
    4.2.4 「映像コピーマート」【42.4】　110
    4.2.5 映像著作権協議会（Image and Movie Copymart：IMC）【42.5】　112
    4.2.6 「eizomart™」【42.6】　114
    4.2.7 今後の展開【42.7】　119
4.3 技術移転とコピーマート【43.】 ………………………………… 121
    4.3.1 大学の新たな役割【43.1】　121
    4.3.2 TLO（Technology Licensing Organization；技術移転機関）とは
         【43.2】　121
    4.3.3 TLO設立の背景──米国経済の再生と産学連携【43.3】　123
    4.3.4 大学の「知的財産ビジネス」をめぐる諸問題【43.4】　127

4.3.5　多様化する技術移転の形態【43.5】　　131

　コピーマートの片隅⑥　BTG（British Technology Group）と大学の新たな関係　134

　　4.3.6　知的財産権流通市場と大学【43.6】　　138
　　4.3.7　技術移転とコピーマート【43.7】　　140

　コピーマートの片隅⑦　「対談：先端技術と知的財産保護」　143

4.4　設計資産（IP）コピーマート【44.】　……………………144

　　4.4.1　設計資産（IP）とは【44.1】　　144
　　4.4.2　設計資産流通と取引の背景【44.2】　　145
　　4.4.3　設計資産流通ビジネスの現状【44.3】　　146
　　4.4.4　設計資産にかかる法的諸問題【44.4】　　147
　　4.4.5　設計資産（IP）コピーマート【44.5】　　149
　　4.4.6　今後の展望【44.6】　　153

4.5　化学物質コピーマート【45.】　……………………………154

　　4.5.1　化学物質の保存をめぐる現状【45.1】　　154
　　4.5.2　化学物質は文化財【45.2】　　156
　　4.5.3　化学物質コピーマートに向けて【45.3】　　158
　　4.5.4　多環芳香族炭化水素のコピーマート【45.4】　　159
　　4.5.5　化学物質コピーマートの広がりに向けて【45.5】　　163

　コピーマートの片隅⑧　「クラール博士と私：貴重な試料を受け取って」　164

4.6　行政情報コピーマート【46.】　……………………………165

　　4.6.1　背　景【46.1】　　165
　　4.6.2　e-Japan戦略と行政アーカイブ【46.2】　　166
　　4.6.3　行政アーカイブのコンテンツ【46.3】　　168
　　4.6.4　共通モデルとしての「行政情報コピーマート」【46.4】　　169
　　4.6.5　共通モデルにおける著作権と情報公開との関係【46.5】　　172
　　4.6.6　行政アーカイブの展望【46.6】　　173

　コピーマートの片隅⑨　「デジタル・アナログ相互作用論」　188

● 第5章へのナビゲーター【5.n】　191

第5章　外国におけるコピーマート【5.】　193

5.1　外国におけるコピーマート研究報告とその影響【51.】…………194
5.2　外国における評価【52.】……………………………………………196
　5.2.1　コピーマート構想について【52.1】　196
　5.2.2　技術革新とコピーマート【52.2】　198
　5.2.3　既存の集中処理システムとコピーマート【52.3】　200
　5.2.4　コピーマートの認知【52.4】　201
　5.2.5　コピーマートの展望【52.5】　202

　コピーマートの片隅⑩　「複写（コピー）時代の著作権　共生モデルとしてのコピーマート」　208

　コピーマートの片隅⑪　「コピーライト・インサイド社会」　209

第6章　コピーマート社会【6.】　211

6.1　近未来の法モデル【61.】……………………………………………212
6.2　コピーマート社会【62.】……………………………………………217

コピーマート関連用語集……………………………………………………221

本書のコードについて

これはコピーマート・コードの適用例である。本書の第2章を例にとり説明すると，第2章「コピーマート—合意システムとしての著作権取引市場」であり，その第5節は「コピーマートの構造」である。第2章第5節は「2.5」である。本書にはそれに加えて，第2章は【2.】，第2章第5節は【25.】というコードを付けている。これはそのコードが付された項目のID番号であり，その項目を数字にしたものである。したがって【25.】は，章や節とは別の「コピーマートの構造」という項目のことであり，かつ本書におけるその所在を示している。

●執筆者紹介・執筆担当（執筆順，＊監修者）

上野達弘（うえの たつひろ）	成城大学法学部専任講師 [1章]
村上広一（むらかみ ひろかず）	㈶比較法研究センター研究員 [2章ナビゲーター]
＊北川善太郎（きたがわ ぜんたろう）	㈶国際高等研究所副所長，名城大学教授，京都大学名誉教授 [2章]
木下孝彦（きのした たかひこ）	比較法研究センター主幹研究員 [3章ナビゲーター，4章4.2, 4.4, 4.6]
山名美加（やまな みか）	㈶国際高等研究所研究員 [3章3.1, 4章4.1, 4.3, 4.5]
水野五郎（みずの ごろう）	コピーマート名城研究所研究員 [3章3.2]
宮田英治（みやた えいじ）	㈶比較法研究センター研究員 [4章ナビゲーター]
宮脇正晴（みやわき まさはる）	㈶国際高等研究所特別研究員 [5章ナビゲーター，5章]
三浦武範（みうら たけのり）	コピーマート名城研究所研究員 [6章]

第1章　穏やかでない著作権社会【1.】

成城大学法学部専任講師　上野達弘

1.1　はじめに【11.】

1.2　穏やかでない著作権社会【12.】

1.3　コピーマートによる発想の転換【13.】

1.4　まとめ【14.】

1.1 はじめに【11.】

1.1.1 インターネットと著作権　　　　【11.1】

「インターネットと著作権」というトピックが，しばしば新聞紙上をにぎわしている。いまや，著作権の問題は，法律の世界を超えて，さまざまなところで議論されているのである。

インターネットにおける著作権の問題として最近よく耳にするのは，たとえば，CDから楽曲をリッピングしてMP3形式のファイルに変換し，これをNapsterやGnutellaあるいはWIN-MXのようなファイル交換システムでやりとりしたらどうなるかという問題であろう。こうした問題は，法律学にとってもいまだに終局的な解決策を得られてはいない最先端のトピックである。その意味では，雑誌からスキャナーで読み取った画像を無断でウェブサイトに掲載したり，あるいは高価なビジネスソフトをCD-Rにコピーしてインターネットの掲示板で買い手を募るといった「古典的な」事件は，現在においてはとくに目新しいものではない。こうした事件は，わざわざニュースとしてとりあげられることがないくらいであろう。インターネットにおける著作権問題というのは，われわれにとってそのくらい日常茶飯事になったのである。

いずれにしても，インターネットにおいては著作権の問題が噴出している。その背景にあるのは，いうまでもなく，ディジタル技術およびネットワーク

技術といった技術の革新にほかならない。しかしながら，原因はそれだけかというとそうではない。著作権というものは，そうした技術革新に影響を受けやすい性質を，はじめから持っていたところがあるのである。

1.1.2 よりいっそうユビキタスになった著作物 【11.2】

　というのは，もともと音楽や画像といった著作物というものは「遍在性」（ubiquitous）という性質を持っている。たとえば，同じ一つの曲ではあっても，それは同時に複数の場所で演奏することができるし，同じ一つの小説であっても，それは同時に複数の場所で書籍として複製することができる。これは著作物がいわゆる無体物だからである。

　もっとも，従来であれば書籍を出版したり，レコードをプレスしたりできるのは，出版社やレコード会社といった大きな資本を有する企業だけであった。同様に，公衆への放送を行うことができるのは放送局以外には考えられなかった。つまり，著作物の利用主体というのはごく少数の者に限られていたといえるのである。

　ところが，ディジタル技術およびネットワークといった技術革新，そしてその一般化は，まさにこの点について大きな変革をもたらしたのである。つまり，いまや一般の個人・素人であっても，たとえばCD-Rを用いて市販CDをディジタル複製することができるし，あるいはインターネットのウェブサイトを開設して世界中に著作物を送信することができるようになった。まさに，インターネット時代が「万人が出版者」といわれるゆえんである。このように，ディジタル・ネットワークという技術革新がもたらしたのは，従来ではごく少数の企業に限られていた著作物の利用主体が飛躍的に拡大し，その利用の規模が爆発的に増大したという点にほかならないのである。

1.1.3 シェアリングされる音楽コンテンツ 【11.3】

　もっとも，少し前までは，音楽や映像のコンテンツがディジタル化されてウェブサイトに違法に掲載されるというようなことはさほど多くなかった。というのは，音楽や映像のコンテンツは，静止画像に比べてファイルサイズが大きく，ネットワークで流通しにくいという特性を持っているからである。しかし，MP3（MPEG1 Layer-3 Audio）をはじめとする新しい圧縮フォーマットが開発されてからは状況が変わった。すなわち，音や映像のクオリティをできるだけ落とさないようにしながら，ファイルサイズを可能な限り小さくできるようになったのである。これにより，インターネットを利用したコンテンツ流通がいっそう容易になった。そのため，市販の音楽CDからパソコンに楽曲をリッピング——すなわちディジタルデータとして抽出——して，これをMP3形式でウェブサイトに掲載するという行為は，"技術的には"誰でも簡単にできてしまうようなことになったのである。

　このように，インターネットによる送信の違法性が問題となる典型例は，ウェブサイトに他人の著作物を掲載するという行為である。ただ，時代の流れは早いもので，ひと頃に比べるとそうした違法サイトは減少している。というのは，そういう違法なサイトを開設していると，権利者によって直ちに発見されてしまうからである。

　そこで，そうしたディジタルコンテンツを流通させる新しいシステムとして登場したのが，ピア・ツー・ピア型のいわゆるファイル交換サービスである。これについては，後ほど改めて触れるが，簡単にいうと，ネットワークに接続している複数のユーザが，それぞれのハードディスク内に保存されたディジタルコンテンツを共有・交換できるようにしたシステムである。これによって，誰か一人でもコンテンツを持っていれば，別のユーザはそれを検索してダウンロードすることができるのである。そうしたファイル交換サービスはさまざまな種類のものが登場している。実際のところ，そこでは最新

の音楽や映画が大量に交換されており，そしてそのほとんどが現行の著作権法に照らして違法である，といったこと自体は，もはややむを得ない現実のようにみえる。

1.1.4 「無数の個人」による違法行為 【11.4】

このように，ファイル交換サービスによって，事実上，コンテンツの違法な送信が大量に行われている。もっとも，こうしたファイル交換サービスは，単にコンテンツをウェブサイトに掲載するという行為とは基本的に異なる側面がある。というのは，そのコンテンツが保存されているのは個々のユーザのパソコン内というプライベートな領域だけにとどまり，そのコンテンツをあくまで個々のユーザ間でやりとりしているにすぎないのが一般的だからである。そのため，そうしたユーザの行為がそもそも違法といえるのかどうかが問題となる。しかも，仮に個々のユーザ間の送信を違法行為だと評価できたとしても，そうした無数のユーザをシラミ潰しに摘発することが現実にできるかというと，これは大いに困難といわざるを得ない。少なくともコスト倒れになることは確実である。そのように考えると，無数のユーザによる無数の違法行為を直接に取り締まることはきわめて困難であるといわざるを得ないのである。

そこで，権利者としては，無数のユーザではなく，そうした違法なユーザにファイル交換サービスを提供している者を，根本から取り締まることを試みることになるのである。もっとも，そうしたファイル交換サービスの提供者が著作権侵害等の責任を負うかどうかについては，必ずしも定まった解釈はなく，現在盛んに議論がなされている状況にある。ただ，東京地方裁判所は平成14年4月9日（判時1780号25頁），ファイル交換サービスである「ファイルローグ」に対する差止請求を認容する決定を下しており，内外ですでに大きな注目を集めている。

こうして，とりわけディジタル・ネットワーク社会において，著作物はいわば「無数の個人」によって利用され，そして侵害されるようになった。そうした無数の個人による違法な行為を何らかの形でサポートしている第三者の責任というものが，最近の学界でもいろいろな形で議論されているところである[1]。

1.1.5 技術革新と著作権法制 【11.5】

ここまでみてきたように，ディジタル技術およびネットワークという技術革新が，著作物の利用状況にきわめて大きな変化をもたらし，これにより多数の個人によって容易に行えるようになった（従来の著作権制度からみれば違法とされる）著作物の利用行為について，どのように対処すべきかということが大きな問題となっているのである。

もちろん，著作権法制というものは，その誕生以来常に新しい技術の発展に影響を受けてきたことは周知のとおりである。映画やレコード，あるいは放送といった新しい技術が登場するたびに，著作権法は，新しい権利や新しいルールを設けることによってこれに対応することを迫られてきたのである。ところが，ディジタル技術がもたらしつつある影響というものは，これまでの場合と比較になるものではない。というのは，ディジタル技術は，これによって単に新しいビジネスがもたらされたというレベルの影響にとどまらず，以前から存在するすべての著作権ビジネスに大きな影響を等しく及ぼすものだからである[2]。

1.2 穏やかでない著作権社会【1.2.】

1.2.1 噴出する著作権問題 【1.2.1】

　では，ディジタル・ネットワーク時代において生じている著作権問題について，ここではもう少し詳しくみてみよう。

1.2.1.1 オープンソース 【1.2.1.1】

　ディジタル・ネットワーク時代における著作権問題の一つとして挙げられるものに，オープンソースがある。
　オープンソースとは，プログラムのソースコードが自由であることをいう。しかし，ここで自由とは，単にプログラムのソースコードが自由に入手できるということだけを意味するのではない。すなわち，オープンソースのライセンスによれば，ソフトウェアを販売あるいは無料で頒布することを制限してはならないとか，オープンソースであるプログラムはソースコードを含んでいなければならないなどと定められている。さらに，オープンソースのライセンスにおいては，ソフトウェアの変更と派生的ソフトウェアの作成について，もとのソフトウェアと同じライセンスの下で頒布することを許諾しなければならない，といった制限も義務づけられているのである。
　そこでは，コンピュータ・プログラムについて，一見すると，確かに従来の著作権と逆行するかのような傾向がみられる。その典型はGNUである。

GNUは，コピー，改変，および再頒布を自由に行うことができるOSである[3]。GNUプロジェクトは，1984年に，ストールマン（R. Stallman）らの組織するFree Software Foundation[4]によって開始され，GNUは1996年8月に完成した。ここにいうフリーを厳密にいうと，第1に，そのプログラムを複製し，他人に頒布することができること，第2に，ソースコードにアクセスすることによって思いのままにプログラムを改変することができること，第3に，その改善されたヴァージョンのプログラムを再頒布することができるという意味である。ここで再三主張されているのが，いわゆるコピーレフト（copyleft）の思想である。

　コピーレフトとは，コンピュータ・プログラムを自由に複製，解析，改変でき，さらにそれを有料または無料で再頒布することができるという環境を志向した思想，ないし契約条項である。これによれば，改変と再頒布が自由であるため，ユーザにそのソフトウェアをさらに開発するインセンティヴを与えることによって，ソフトウェアのユーザの権利と，ソフトウェア製作者の商業的利益の効率化が志向されているというわけである。

　こうした傾向の中で，従来型の著作権制度は，もはやディジタル・ネットワーク時代にそぐわないのではないかとの危惧が向けられてきた。ディジタル・ネットワーク社会においては，情報は特定の人が独占的に囲い込むよりも，すべての人が共有し，自由に改良することのできる状態のほうが，結果としてすべての人に幸福をもたらすというわけである。グーテンベルクによる活版印刷術の発明に刺激されて登場した現在の著作権制度は，ディジタル・ネットワーク時代においては，もはや時代遅れのものである，という主張は，コンピュータの世界においては決して弱いものではない。このような中，著作権制度はどうあるべきか。そのことが根本的に問い直されているのである。

1.2.1.2　放送とインタラクティヴ送信　　　　　　　　　　【12.12】

　また，放送と通信の融合ということもしばしばいわれてきた。最近では，

ウェブキャスティング技術を利用してインターネットでラジオやテレビの放送を視聴することができる，いわゆるインターネット放送も増えてきた。ここで送られているコンテンツは放送されている番組そのものであるが，その送信方法はあくまでユーザのリクエストを受けて直接ピンポイントで送るという形がとられている。

このように，ユーザの観点からすれば，テレビ放送を通じてテレビ番組を見るのも，インターネットを通じてテレビ番組を見るのも，次第に違いが感じられなくなってくる。こうしたことを受けて，日本の著作権法は，従来の「放送」と，インターネット等を通じたインタラクティヴな送信（これを「自動公衆送信」という）の2者をあわせて「公衆送信」という上位概念でくくるように法改正がなされた。とはいえ，この2者は，あくまで「放送」と「自動公衆送信」という明確な分類がなされており，それぞれ異なった扱いがなされている。

このことが如実にあらわれた事件として，スターデジオ事件がある[5]。これは，被告である㈱第一興商が衛星放送サービス「スカイパーフェクTV」の一つとして「スターデジオ100」の営業名で行っているサービスが問題となった事件である。このスターデジオ100は，確かに衛星放送という「放送」である。しかし，これは100ものチャンネルを設けて音楽をジャンル分けし，各チャンネルにおいて同一の曲目のセットを多数回繰り返し送信している。そのため，聴取者は事実上，自分の嗜好に応じて都合のよい時に好きな楽曲を受信することができる。そこで，原告であるレコード会社たちは，スターデジオ100の実態はリクエストを受けてインタラクティヴに送信する「自動公衆送信」と異ならず，もはや「放送」といえるようなものではないと主張し，配信行為の差止め等を求めたのである。というのは，レコード製作者に関する著作権法の規定上，もし「放送」だということになると一定の二次使用料（著作権法97条）を支払えば商業用レコードに収録された楽曲を自由に流すことができるのに対して，「自動公衆送信」だということになるとレコード製作者の許諾が必要になる（著作権法96条の2）というように取り扱

いが分けられているからである。問題が生じたのは，このような事情に基づく。

判決は原告の請求を棄却した。その理由は，あくまで技術的にみると，スターデジオ100というサービスは著作権法上の「放送」であるといわざるを得ないからだというものである。

ただ，この判決で注目されるのは，その判決の末尾で次のように付言したことである。

「当裁判所としては，著作権法の解釈論としては，前記のとおりの結論を採るのが相当であると考える。なるほど，原告らが主張するような本件番組の公衆送信の実態を前提とすれば，現状において，原告らと被告との間に，実質的な利益の不均衡が生じているとの原告らの主張も理解し得ないではないが，この点を著作権法の解釈に反映させようとする原告らの本件における主張は，法律の解釈論の枠を超えるものといわざるを得ない。あえていえば，右のような実質的利益の不均衡を問題とする議論は，立法論として，又は，著作権法97条に基づく二次使用料の額の決定のための協議を行う際や文化庁長官による裁定を求める際に，主張されるべきことというほかはない。」

つまり，判決はあくまで著作権法のルールに忠実かつ形式的に従って結論を下したのであるが，その一方で，放送とインタラクティヴ送信を分けている著作権法上の区別というのが，はたして妥当といえるのかどうかについて再考を促しているのである。もちろん，だからといって「放送」と「自動公衆送信」（インタラクティヴ送信）の区別を軽々に放棄することもまたできないであろう。法律の改正作業がきわめて頻繁に繰り返されている著作権法の領域にあっても，立法というものの難しさが，ここにはうかがえるのである（なお，同事件は，2002年12月26日に東京高裁で和解に至った。和解内容の詳細は公表されていないが，被告は番組内容の事前告知において各楽曲の演奏開始時刻を表示しないこと，新譜については発売日から一定期間使用しないこと等が含まれている）。

1.2.1.3 ファイル交換サービス　　　　　　　　　　　　　【12.13】

　そして，ディジタル・ネットワーク時代におけるもっとも象徴的な問題が，ファイル交換サービスである。

　先ほどみたように，インタラクティヴ送信にかかる著作権（すなわち公衆送信権）が問題となる典型例はインターネットにおける著作物の配信である。無断でホームページに他人の著作物を載せることは公衆送信権の侵害になる。ただ，ひと頃に比べるとそういう単純な違法サイトは減少している。これに代わって最近とくに問題になっているのが，Napsterをはじめとするピア・ツー・ピア（Peer-to-Peer）型のファイル交換（File-Sharing）サービスである。

　Napsterは，インターネットに接続しているNapsterユーザのハードディスク内にある音楽ファイル（MP3）を交換するソフトである[6]。Napsterには中央サーバがあるが，そこに著作物が蓄積されているわけではない。中央サーバには，どのユーザがどのファイルを持っているかという所在情報が収録されているにすぎない。著作物をやりとりしているのはあくまで個々のユーザ同士だというわけである。

　では，こうしたファイル交換サービスは違法なのであろうか。確かに，個々のユーザについていえば，Napsterを使うことによってみずからの音楽ファイルを公衆にダウンロード可能な状態においている場合，違法な自動公衆送信をしたものと評価できるだろう。しかし，こうしたユーザがいかに違法だとしても，そうしたユーザは無数の個人であり，現実にはそうした無数のユーザを取り締まることは不可能である。そこで，ユーザではなく，ファイル交換サービスを提供しているNapster社が違法といえるかどうかに焦点が移るのである。しかし，Napsterの中央サーバがみずから直接的に「自動公衆送信」を行ったと解することは困難である。しかも，Napsterは違法な配信のみに使われるソフトではない。そのため，Napsterをどのように法的に解決するかは難しい問題である。

　アメリカでは，全米レコード協会（RIAA）が1999年12月以来，Napster社に対して損害賠償請求訴訟を起こしており，北部カリフォルニア地裁判決

が控訴審差戻後の2001年3月6日に出した判決によって，Napster社の責任が認められている。その後，Napsterはサービス停止を続けた後，2002年6月に倒産。ドイツのBertelsmannへの買収計画も失敗に終わり，結局，2002年11月，ソフトメーカーRoxioに買収された。

　ただ，Napsterの場合は中央サーバが必要なシステムである。そのため，その中央サーバを差し止めることさえできれば，配信行為を取り締まることは現実に可能である。ところが，中央サーバを持たないファイル交換サービスであるGnutella（グヌーテラ）があらわれた。Gnutellaは，ユーザが2人いるだけでもそのユーザを直接無数に接続することによってネットワークが構築されることになっている。したがって，Napsterと違いサービス停止をかけることや利用者の追跡を行うことがきわめて困難なのである。

　こうしたファイル交換サービスについては最近わが国でも判例が出て注目を集めている。いわゆるファイルローグ事件がそれである。これによると，ファイル交換サービスの提供は「自動公衆送信」にあたり，違法だとされたのである（東京地決平成14年4月9日判時1780号25頁，東京地決平成14年4月11日判時1780号25頁）。

　これは，㈲日本エム・エム・オーが運営するインターネット上のファイル交換サービス「ファイルローグ」において，レコード会社が製作したレコードをMP3形式で複製した電子ファイルが，権利者の許諾を得ることなく交換されていることに関して，著作権者およびレコード製作者である権利者が，MP3形式によって複製され，かつ，送受信可能の状態にされた電子ファイルの存在および内容等を示すファイル情報を受信者に送信することによって上記ファイル交換サービスを提供しているエム・エム・オーの行為は，権利者の有している著作権および著作隣接権を侵害すると主張して，そのファイル情報の送信の差止めを求めた事案である。

　この決定において，飯村敏明判事は以下のように述べて権利者の請求を認めた（債務者とはエム・エム・オーを，債権者とは権利者を指す）。

「本件サービスは，送信者が，市販のレコードを複製したファイルが大多数を占めているMP3ファイルを，送信可能化状態にするためのサービスという性質を有すること，本件サービスにおいて，送信者が本件各MP3ファイルを含めたMP3ファイルの送信可能化を行うことは債務者の管理の下に行われること，債務者も自己の営業上の利益を図って，送信者に上記行為をさせていたことから，債務者は，本件各レコードの送信可能化を行っているものと評価でき，債権者の有する送信可能化権を侵害していると解するのが相当である。」

もっとも，このような結論および理由づけをめぐっては，さまざまな議論が巻き起こっている[7]。インターネット時代においては著作権をより強化すべきとしてその結論を支持する見解，現行法の厳密な解釈論からその理由づけに疑問を呈する見解，あるいは，ネットワーク上の情報の自由な流通を重視する立場から結論に反対する見解などである。さて，ファイル交換サービスの運命やいかに。今後の展開から目が離せない。

1.2.2 権利者と利用者がせめぎ合うディジタル・ネットワーク
【1.2.2】

それでは，そうしたディジタル・ネットワーク時代において生じている著作権問題を，もう少し分析してみよう。

先ほどみたように，ディジタル・ネットワーク社会においては，著作物が，個人ユーザを含む無数の主体によって大規模に利用される。このことが著作権にとって意味するのは，一言でいえば，権利者と利用者の連絡が難しいということに尽きる。ただ，より厳密にいうと，このことはさらに次のような2つの事情を含んでいる。

1.2.2.1 著作権「保護」の困難性
【1.2.2.1】

第1に，権利者側の立場からみよう。権利者の立場からすると，権利者と利用者の連絡が難しいということは，ネットワークにおけるディジタルコンテ

ンツの流通においては著作権を保護することが難しいという事態を意味する。

　もちろん，著作権を保護することが難しいという問題そのものは従来から存在した。ただ，従来から存在する書籍やレコードなどのように，有体物に固定された著作物を流通・取引する際には，そうした有体物を販売するのと引き替えに対価を受け取ることができた。そのため，この対価の中に著作権料が含まれていたものと考えられる。たとえば，書籍の定価の10％にあたる印税が著者に支払われている場合は，そのような形で著作権の処理がなされてきたと考えることができるのである。

　これに対して，ディジタル・ネットワークにおいては，著作物がネットワークを通じて，有体物の媒体に固定されることなく流通してしまう。そのため，ディジタル・ネットワークにおけるディジタルコンテンツの流通に関しては，その販売の際に対価を収受することだけで著作権処理を行うことは相対的に困難になっているのである。すなわち，権利者は，自己の著作物がどこでどのように利用されているかを独自に把握することが，事実上不可能になっているといえよう。つまり，著作物の利用可能性を促進したディジタル・ネットワーク技術というものは，権利者が利用行為を把握することをますます困難にしたのである。

　したがって，こうした権利者の立場からすれば，ディジタル・ネットワーク時代においては，何らかの方法により，著作権をより強力に保護してほしいと嘱望されるわけである。

1.2.2.2　著作物「利用」の困難性　　　　　　　　　　　　　　　　【12.22】

　第2に，利用者の立場からみよう。利用者の立場からすると，権利者と利用者の連絡が難しいということは，著作権の対象となっているディジタルコンテンツを合法的に利用することが難しいという事態を意味する。

　もちろん，著作物を利用したいと考える利用者が著作権の処理に苦労するというのは，従来から存在する問題である。日本音楽著作権協会（JASRAC）のような権利管理団体がかねてから有効に機能してきたことは，そのあらわ

れにほかならない。

　しかしながら，インターネットなどのネットワークにおいては，常に無数の著作物が流通している。そして，それらはディジタル情報であるために，これを入手した上で再利用することも，"技術的には"まったく簡単にできてしまう状態にある。このようにディジタルコンテンツは，技術的には利用しやすい状態のままわれわれの身近にあふれているのである。しかしながら，これを権利者に無断で利用すると，やはり著作権の侵害となってしまう。そこで，これを合法的に利用するために必要となるのが権利処理と呼ばれているものである。つまり，権利者から許諾（ライセンス）をもらえばいいのである。

　ところが，ディジタルコンテンツの著作権を誰が持っているかという情報（権利所在情報）を知ることは，多くの場合容易でない。しかも，ディジタルコンテンツは「マルチメディア」とも呼ばれたように，複数の著作物の複合体であることが少なくない。だとすると，一つのディジタルコンテンツの製作に，きわめて多数の権利者が関与している場合も少なくないのである。そのように複数の権利者が製作に関与している場合，その全員に許諾を得ない限りその著作物を利用できないというのが，著作権法のルールに基づく原則である。しかしながら，もしすべての権利者を探し出して，それぞれの権利者と個別にライセンス契約を締結しなければならないとすると，そうした交渉費用だけでコスト倒れになってしまうことも少なくなかろう。

　このように，利用者の側にとっては，権利者を探して個別に許諾を得ることがいっそう困難になっており，電子社会においてせっかく"技術的には"著作物が利用可能になったのに，伝統的な著作権というものが足かせになってその利用が阻害されているのであって，これはマルチメディア・ビジネスの発展に水を差す障害にほかならない，というような危惧が唱えられてきたのである。

　そこで，こうした利用者の立場からすれば，少なくとも，何らかの方法で著作権を簡便に処理することができるシステムが嘱望されることになるので

ある。

　もっとも，すべての利用者がこのような穏健な見解で一致しているかというとそうではない。むしろ次のような主張も強い。すなわち，著作権というものは従来のアナログ社会には適合した制度だったかもしれないが，ディジタル・ネットワーク社会においては情報の流通を不当に阻害するものであり，ディジタルコンテンツ・ビジネスの発展の足を引っ張るものである。そもそも，著作物というものは情報という本来公共性を有するものである。しかも，人が著作物を創作するとき，完全な独創というものはあり得ず，それは常に先人の文化的遺産の上に成り立っているはずである。そうした意味で，著作物は本来的に公共的な性格を有するものである。ディジタル・ネットワーク社会において著作物を利用するということが技術的に容易になったというのは，まさに情報の持つそうした本来の性格を十分に発揮できるような時代が来たことを意味する。にもかかわらず，そのような新しい時代においてまで，独占的・排他的権利としての従来型の著作権に固執することは，情報という公共性の高い財を過剰に独占しようとするものであって許されるべきではない，というような考えである。そのような立場からは，ディジタル・ネットワーク社会における無数の個人による利用行為に対して，著作権という武器を持って対抗しようとしたところで，所詮いたちごっこであり，もはや無駄な抵抗というべきであるとまでいわれるのである。

1.2.3　どのように解決すべきか　　　　　　　　　　【12.3】

1.2.3.1　とりあえず現行法を前提にすることが必要　　　　【12.31】

　さて，こうした問題をどのように解決すべきか。もちろん，著作権制度についてラディカルな構造改革を実行することも理論的には不可能でない。法律にしても，そして条約にしても，それを改廃することは形式的にみれば不可能でないことは確かだからである。

実際のところ，著作権の強化と制限をめぐる激しい議論は盛んに行われており，アメリカでは，とりわけ著作権の保護期間延長法の是非をめぐって，憲法論争を巻き込んだ論争が繰り広げられている。これも，確かに決して小さな問題ではない。しかしながら，もっと根本的な変革を著作権制度に直ちにもたらすことができるかというと，それは必ずしも現実的でなかろう。そうすると，ひとまずベルヌ条約という国際条約が存在し，少なくとも現行法というものが存在する以上，それに従わなければならない。その限りにおいては，とりあえずそうした条約と現行法を前提にして問題解決を図る必要があることはいうまでもない[8]。

興味深いことは，あたかも著作権の存在そのものに反旗を翻しているかのようにみえるオープンソースの主張も，実はあくまで著作権を前提にしていると考えられることである。たとえば，GNUがそうである。確かにGNUは，その複製や改良，そして頒布は自由に行うことができるかもしれない。しかし，GNUには詳細なフリーソフトウェア・ライセンス（GPL：General Public License）（一般公衆利用許諾契約書）が添付されている。これにより，どんなことでも自由に行えるということにはなっておらず，ここに定められた制限に反するような利用行為は禁じられているのである。ここで，そうした制限ないし義務づけを裏づけている法的根拠は，まさに著作権にほかならない。すなわち，GPLやその他のコピーレフトのライセンスというのは，著作権に基づくライセンス（許諾）なのである。したがって，著作権制度があるからこそ，そして著作権制度に則ってこそ，GNUが機能しているとさえいえるのである。むしろ完全に著作権制度をなくしてしまうならば，そうした制限を行うことの法的根拠は失われるであろう。その意味で，GNUは現在の著作権制度を前提にして行われているのであり，そうした主張にとっても，著作権制度を受け入れることは可能，いやむしろ不可欠ともいえよう。

1.2.3.2　権利者と利用者がマージするプレイヤー　　【12.32】

また，解決策を検討するにあたっては，権利者と利用者のどちらか一方の

みに有利な解決をとることもできない。このことは，最近のディジタルコンテンツ・ビジネスにおける権利者と利用者のマージ現象にも関わる。すなわち，近時の著作権ビジネスにおいては，そこに登場するプレイヤーを権利者側と利用者側というセクションに区別することが容易でない。たとえば，ある者が他人の著作物を利用して新しいコンテンツをクリエイトするとき，その者は他人の著作物の利用者であると同時に，自分のコンテンツの権利者でもあるからである。とりわけディジタルコンテンツに関しては，そのような事態が従来以上に増えてきている。そのような意味においても，権利者と利用者の間をどのように調整するかという課題が，よりいっそう重要なものになっているのである。したがって，問題は著作物の保護と利用のバランスをいかに図るかである。

1.2.3.3 原因は何か 【12.33】

　こういった問題が生じてしまう原因はどこにあるのか。それを一言で比喩的にいうならば，ネットワークを流通しているディジタルコンテンツに著作権が内在化されていないからだということができる。

　すなわち，ネットワークを流通しているディジタルコンテンツを利用することは，繰り返しになるが"技術的には"可能である。コピーすることも，ウェブサイトに掲載することも，技術的には可能だというのが一般的である。ただ，そのままでは著作権が保護されない。もちろん，コピープロテクトなどの技術によって，一定の利用行為をブロックすることも可能ではある。しかし，コピープロテクトというものは，他人にコピー行為をさせないということを実現しているにすぎない。そこでは，せっかく"技術的には"可能なはずの利用行為が阻害されてしまっている。それでは権利処理をした上で利用しているということにはならないのである。

1.3 コピーマートによる発想の転換[9]【13.】

 では，著作物の利用行為を阻害することなく，しかも権利処理をもれなく行うために，ディジタルコンテンツに著作権を内在化させるには，どうすればいいのであろうか。

 そのために活用される技術がある。というのは，ディジタル技術は著作権の侵害行為を助長すると考えられているが，逆に，ディジタル技術だからこそ可能な著作権保護もあるのである。すなわち，ディジタル技術を応用すれば著作権処理をさまざまな形で行うことができるのである。いいかえると，技術を活用して権利者と利用者との個別契約を促進し，契約による著作権の転回を図るということになる[10]。

1.3.1 技術による著作権の管理 ── ECMS／DRMS 【13.1】

 このことを，技術による著作権の管理ということができる[11]。そうした技術は，「電子著作権管理システム（ECMS）」，あるいは「ディジタル権利管理システム（DRMS）」と呼ばれている[12]。その典型として挙げられるのは，いわゆる電子透かしや，権利の所在情報を登録したデータベース等の技術である。こうした技術は，プロテクトのように著作物の利用行為それ自体をブロックしてしまうわけではないが，利用者の利用行為をモニタリングして，それに基づいて自動的に権利処理を行うものである。

プロテクトは，利用者の利用行為をブロックすることによって強力に著作権を保護することができるかもしれない。しかし，それは利用者の行為自由に対する大きな制約にほかならず，せっかく社会にとって有益な技術（ディジタルコピー，ファイル交換サービスなど）が開発されたにもかかわらず，結局のところ社会全体がそのメリットをまったく享受できないままに終わってしまうおそれがある。そこで，利用者の自由を可能な限り制約しないようにしたままで，なお権利者の権利ないし利益を確保するための方法として，技術による著作権の「管理」が望ましいということになるのである[13]。

1.3.2 コピーマート　　【13.2】

　すでに，1980年代から北川善太郎によって提言されてきたものとして「コピーマート」がある[14]。コピーマートは，著作権データベースと著作物データベースという2種のデータベースから構成される。権利者は，著作権データベースに著作物のライセンス条件等を登録するとともに，著作物データベースに著作物そのものを登録する。他方，利用者は，著作権データベースに登録された利用条件を検索した上で，著作物のコピーを入手することができる。これによって，権利者にとっては，著作物の利用につき対価を得ることができるし，他方，利用者にとっては，著作権処理を簡便に済ませることができるのである。このように，コピーマートは複数の権利者と複数の利用者により形成される市場ということができる（詳しくは第2章で検討する）[15]。

1.3.3 知識ユニット　　【13.3】

　このコピーマートを応用すれば，ディジタルコンテンツにあらかじめ著作権情報ないし利用許諾条件を埋め込むことよって，そのコンテンツが一人歩

きしてネットワーク上を流通しても，実際に利用されるたびに，権利者が定めた利用条件と利用者の利用状況に応じた対価が，権利者に支払われるような状態を実現することも可能となる。そうした，いわば「著作権内在型のディジタルコンテンツ」は，北川によって「知識ユニット」と名付けられている[16]。そうした知識ユニットが，著作権とディジタル技術とが共生するこれからの情報社会を構成する単位になるというのである。

1.3.4 いまや一般化したコピーマート 【13.4】

　このようにして，コピーマートは，著作権を保護しながら，著作物の利用を促進するという方向を志向するのである。

　もっとも，当初はコピーマートを実現することは技術的に困難である旨の批判も向けられてきた。しかし，その後われわれが目の当たりにしたディジタル・ネットワーク関連技術の急速な発展と普及は，そのような危惧を一蹴するものであった。ECMSやDRMSといった最近の著作権管理技術の発展に明らかなように，少なくともディジタルコンテンツに関していえば，その利用状況を具体的・正確に把握することがかなりの程度可能になったといえるであろう。

　このように考えてくると，近時さまざまに開発されつつあるECMSやDRMSといった著作権管理技術は，いずれもコピーマートの考え方を実現するものだと位置付けることができるのではなかろうか。この間の技術発展は，われわれの想像を超えるものがあったのである。そうしたプロセスを経て，技術による著作権の管理という，当初は奇抜に受け止められたかもしれないコピーマートの基本的な考え方そのものは，いまやもはや疑いを差し挟むことのできない共通認識として一般化するに至ったといって過言でなかろう[17]。

1.4 まとめ【14.】

　本章では，技術と著作権との関わりについてみてきた。まとめとして，ここにみられる興味深い点を一つだけ指摘しておこう。

　確かに，技術の発展というものは，これまで著作権に脅威を与え続けてきた。そこで，新しい技術が登場するたびに，これに対抗すべく著作権に支分権を加えるなどして著作権を保護しようとしてきたのである。

　ところが，技術の発展というものが，今度は逆に著作権を擁護する形で応用されているのである。技術が，まさに著作権を保護したり管理したりすることに用いられつつあるのである。このことは，まさに「マシンに対する解答はマシンにある（The Answer to the Machine is in the Machine）」というにふさわしい[18]。

　これは，権利者にとっては朗報である。もっとも，こうした傾向を放置しておけば，技術を用いることによって，著作権法が著作権に与えている以上のパワーがもたらされてしまう場合も考えられよう。これが，「技術による著作権法のオーバーライド」といわれる問題である。技術が著作権の保護に活用できるからといって，権利者側だけを一方的に強化することが常に妥当とはいえない。

　そうなってくると，「技術と法」というものは，これまで拮抗・対立する関係にあったのであるが，今後においてますます求められてくるのは，まさに「技術と法のバランス・協働」という思考にほかならない。もちろん，このことを，どのような考え方によって，どのように方向づけるかは難しい問題で

ある。情報社会は，いまやこうした課題に直面しているのである。

　この点はひとまずおき，次章では，コピーマートの具体的内容について，さらに立ち入って検討することにしよう。

[註]

1）　これは，ディジタル・ネットワークにおいてのみ生じる問題ではない。たとえば，最近の最高裁判例の中にも，業務用カラオケ機器を多数のカラオケ店舗にリースする者が，カラオケ店舗による違法な利用行為について一定の責任を負うとした判決（最判平成13年3月2日民集55巻2号185頁〔ビデオメイツ事件：上告審〕），恋愛シミュレーションゲームのストーリーを改変するメモリーカードを無数のユーザに頒布した者について一定の責任を負うとした判決（最判平成13年2月13日民集55巻1号87頁〔ときめきメモリアル事件：上告審〕）がある。

2）　北川善太郎は，これについて，ディジタル技術というものが，情報基盤を構成するあらゆるレイヤーに影響を与えているとして，「ディジタル技術コンプレックス」と表現している（この用語について，北川善太郎「著作権法100年記念講演・著作権制度の未来像」コピライト465号2頁以下（2000年）参照）。

3）　〈http://www.gnu.org/〉

4）　Free Software Foundation（FSF）は，コンピュータ・プログラムの複製，再頒布，解析，および改変といった行為に対する制限を排除し，新しいプログラムの開発を促進することができる環境（コピーレフト）を提唱している。FSFは，GNUおよびそのアプリケーションソフトウェアの開発頒布を行うとともに，コンピュータ関連のさまざまな領域のフリーソフトの開発を振興する活動を行っている〈http://www.fsf.org/〉。

5）　東京地判平成12年5月16日判時1751号128頁〔スターデジオ事件〕。

6）　〈http://www.napster.com/〉→〈http://www.roxio.com〉

7）　少なくとも，スターデジオ事件でみせたような現行法に対する厳格かつ形式的解釈は，ここでは必ずしも採用されていないように思われる。

8）　もちろん，立法論として，あるべき制度設計の探求とそれに向けた法改正の必要性・重要性を否定するものではない。

9）　北川善太郎「『著作権取引市場モデル"コピーマート"』——技術を活用した

法モデルのコピー問題に対する『解』」サイバーセキュリティマネージメント27巻3号20-21頁（2002年）も参照。

10) 北川善太郎「インターネットにおける情報・著作権・契約――知的財産権と契約との交錯」林良平先生献呈論文集『現代における物権法と債権法の交錯』115頁（有斐閣，1998年）参照。

11) コピープロテクトのように，技術を活用して一定の著作物の利用行為をあらかじめできないようにガードすることを技術による著作権の「保護」ということは，著作権法2条1項20号の「技術的保護手段」にいう「保護」に相当し，ECMSやDRMSのように，技術を活用して著作物の利用行為を把握することによって権利処理を促進することを技術による著作権の「管理」ということは，著作権法2条1項21号の「権利管理情報」にいう「管理」に相当しているものと解される（著作権法令研究会・通産省知的財産政策室編『著作権法・不正競争防止法改正解説――デジタル・コンテンツの法的保護』100頁，108頁（有斐閣，1999年）も参照）。

12) ECMSについては，上野達弘「ECMSにおける著作権及び著作者人格権に関する一考察」『CRIC賞論文集』20頁（著作権情報センター，1997年），同「デジタルコンテンツの保護と利用――ECMS（電子著作権管理システム）をめぐる技術と法」情報処理学会シンポジウムシリーズ98巻11号9頁（1998年），T. Ueno, "The Future of Electronic Copyright Management System (ECMS)", *COPYRIGHT UPDATE JAPAN 1999*, 2000, p.62.

13) 北川は，「ディジタル技術と著作権の共生」という（北川・前掲註2・5頁等参照）。

14) コピーマートについては，さしあたり，北川善太郎「合意システムとしての著作権市場――コピー・マート論」北川善太郎編『知的財産法制――21世紀への展望』171頁（東京布井出版，1996年），同「コピーマートとはなにか」コピライト470号2頁（2000年），Z. Kitagawa, "Copymart : A new concept ――An Application of Digital Technology to the Collective Management of Copyright", 723 WIPO Pub, 1993, p.139等参照。なお，その前身である「コピーセール」につき，Z. Kitagawa, "Copyright Clearance or Copy Sale ――A Thought on the problem of "Mass Right"", AIPPI Int., 14-4, 1989, p.207参照。

15) いわゆる「コンセンサス・アプローチ」と「マーケット・アプローチ」については，北川・前掲注2・4頁以下等参照。

16) 北川善太郎「電子著作権管理システムとコピーマート」情報処理38巻8号666頁（1997年），同・前掲註14・コピーライト470号10頁，同・前掲註9・20頁以下等参照。
17) 知的財産戦略会議『知的財産戦略大綱』（2002年7月3日）においても「コンテンツの創作活動の保護と流通の促進」が強調されている（第3章3(3)③）。
18) Thomas Hoeren, "The Answer to the Machine is in the Machine : Technical Devices for Copyright Management in the Digital Era", *Law, Computers and Artificial Intelligence*, 4-2, 1995, p.174. この論文の177頁には，技術を利用した著作権処理システムのアイディアとして，コピーマートが紹介されている。

コピーマートの片隅 ①　「誌上シンポジウム：『コピーマート』で広がるマルチメディア時代の著作物利用」

北川　著作権者は著作物上に私権を持っているという当然の前提に立ち戻りますと，まずそこから出てくることは，権利者は権利を自分で処分できるということです。他人に自分の判断でその権利を利用させることができるということです。他人がその権利をいかに使いたくても，権利者にノーと言われらだめであるということになります。今のわれわれの社会の基盤になっている私的所有制の保障です。所有権が良い例で，家を持っていて「貸せ」と言われた場合，理由はなくても「嫌だ」と言えます。著作権もそういう権利です。

端　その点を十分に議論をしないままで，技術面だけを議論すると，大変危ないということですね。

北川　そうです。この著作権が権利であり権利者が自由に処分できるという点はひろく納得されているでしょう。しかしながら権利者が自分で処分できるという意味が非常に重要です。つまり自分が処分できるということは，自分の著作物を「自由に使ってください」とも，「使っちゃいけない」とも言えるということなんです。先ほどの原点というのは，利用者が著作物を利用できる条件を著作権者が自由に決められるということであり，利用者がそれをみて気に入れば利用し気に入らなければ利用しなければよいということです。
　これがコピーマートの原点です。つまり著作物の流通は，著作権者と利用者の合意に還元されるのです。本やレコードを購入したり，映画をみるということも意外に複雑な構造ですが，突き詰めるとこの原点に到ります。

端　そういう点では，現状の著作権法その他は，どちらかというと，大量のコピー機械の普及の下で著作者を保護することにウエートがあると思います。ところが今回の先生のお考えでは，そこから発展して，いよいよ流通にまで話が進んでいます。著作権者が自分の権利を積極的に行使する背景は，マルチメディア時代ということが，一つの大きなポイントになるのでしょうか。

北川　基本的には，昔も今も同じことなのです。たとえば著作権侵害問題というのは絶えず発生しています。今世紀の初めはアメリカは世界最大の海賊版の出版国だったのです。ヨーロッパの書物が出版されるのと同じ日に，海賊版がアメリカで出版されていました。なぜこのようなことができたと思われますか。

端　今世紀の初めに，同じ日にですか？

北川　不思議な気がしないではないですが種を明かすと簡単なことです。海賊版業者がヨーロッパでゲラ刷りを手に入れて，ヨーロッパからアメリカへの船中で印刷をするのです。

端　アメリカに着くまでに完成して同時に出すわけですね。

北川　アメリカの前著作権局長で，私の友人のR・オーマンさんが，「アメリカもかつては著作権侵害で悪名が高い国であった。現在やり玉に上げられている国も努力すべきである」と話していました。かっての海賊版ビジネスはそれとして投資が必要であったのが，現在のディジタル技術ではさして資本がいらないわけです。かようにビジネス環境は相当違ってきていますが，根っこは基本的には同じことです。

(北川善太郎，端信行「NIRA政策研究」1997年12月号)

第2章へのナビゲーター【2.n】

　われわれは，第1章「穏やかでない著作権社会」で，現代社会が抱える著作権をめぐるさまざまな問題についてみてきた。

　著作権制度が利用される著作権ビジネスは平穏でないために，従来の著作権制度に対する批判も少なくない。たとえば，オープンソース・ソフトウェアのGNUプロジェクトにみられる「コピーレフト」の思想を，著作権がない＝オープンソース・ソフトウェアの成功と誤解する見解もある。（実は第1章でみたようにGNUがオープンソース・ソフトウェアであり続けられるのは，著作権を根拠（武器）としたライセンス（GPL）によるものである。）それだけ「著作権制度についてラディカルな構造改革を」求める声は——とりわけアメリカや日本において——小さくない。

　それに対して，著作権者側はどうかというと，海賊版CDやNapster問題のようにますます著作権侵害による被害の防止を訴え，著作権保護の実効性を強く求めている。

　つまり，著作権社会が穏やかでないのは，権利者も利用者も現行著作権制度に不満をもっているからである，といえる。それに対してどのような対応をするべきであろうか。われわれ「コピーマート研究会」はそのために現行の著作権制度の内部からの改革を求めてきた。現在の著作権制度を前提とした解決策を探るのである。

　このことは守旧派であることを意味しない。著作権制度のラディカルな改革を求める主張が——具体的に国際条約体制をどうするのか，外国の著作権制度の動向との関係をどうするのかという点やみずから主張する改革の実現可能性を考慮していないという点を除いても——ややもすれば，政策提言の域を超えて現実の場における——GNUプロジェクトに対する誤解にみられるような——著作権を無視する態度につながることへの懸念があるからである。

　そこで，発想を転換し，問題の解決を図る方策として「コピーマート」を提唱した。つまり現代社会が抱えている著作権をめぐる諸問題は，著作物の無断利用が根源にある。いいかえれば，権利者の許諾があれば自由に使うことができるわけである。したがって，契約を用いて著作権が自由に取引できる場（著作権取引市場）をつくろう（マーケット・アプローチ）という「コピーマート」の考え方で解決しよ

うというのである。そこでは著作権が内在された著作物（「知識ユニット」）が情報社会の構成単位・取引単位となって流通している。

続く第2章では，この「コピーマート」について，主に，①著作権取引"市場"としての側面と，②"契約"システムという側面から，詳細にみていくことにしよう。

第2章は，他の章に比べて専門的な法律論を展開している。そこで，読者の便のため，第2章を読む際に注意すべきポイントをいくつか指摘しておこう。

1つ目は，コピーマートの基本的な構造である。コピーマートは，著作権が登録されている「著作権市場」と著作物が蓄積されている「著作物市場」という2つのデータベースから構成されている。しかし，コピーマートは単なるデータベースではない。

2つ目は，コピーマートの基本的な仕組みとそこに登場するプレイヤーである。コピーマートは著作権の個別処理のための取引市場であり，著作権者と利用者との直接の著作権取引の市場である。そして，権利者と利用者が直接著作権の取引をする場であるコピーマートを提供するのが「コピーマート主宰者」である。この取引市場は，権利者の自己決定による参加が前提であり，その著作権ライセンス条項は権利者による申込みと利用者の承諾により個別に決まる（契約システム）。したがって，コピーマート主宰者はそのような取引のマーケットをつくり提供するが，みずから著作権取引の当事者となるものではない。

なお，読者に留意してほしいのは，「コピーマート」は決して著作物のみを対象とするものではないということである。もちろん，著作権取引市場，電子著作権管理システム（Electronic Copyright Management System：ECMS），デジタル権利管理システム（Digital Right Management System：DRMS）としての面が基本になっているが，他の分野にも応用可能な広がりをもった汎用性のある考え方なのである。この点については，第4章以下でみることになる。

第2章 コピーマート [2.]
―― 合意システムとしての著作権取引市場

(財)国際高等研究所副所長　北川善太郎

2.1　まえがき 【21.】

2.2　大量コピー問題と著作権の集中処理システム 【22.】

2.3　ディジタル技術とマルチメディア著作権問題 【23.】

2.4　発想の転換 【24.】

2.5　コピーマートの構造 【25.】

2.6　コピーマートが利用される分野 【26.】

2.7　情報文化の担い手としてのコピーマート 【27.】

2.1 まえがき 【21.】

　1993年3月末日から4月2日にかけてハーバード大学においてWIPO（世界知的所有権機関）主催の国際シンポジウムが開催された。ディジタル技術の著作権へのインパクトを討議するシンポジウムであり，私は「コピーマート——新しいコンセプト：著作権の集中処理の及ぼすディジタル技術のインパクト」というテーマで報告をする機会を得た。[1] さらに，1994年6月初めにWIPOとフランス文化省主催のシンポジウム「著作権と著作隣接権の未来」がパリのルーブル美術館で開催され，私は前回に引き続き「コンピュータ，ディジタル技術および著作権」という報告をした。[2] この2つの報告の基本的な構想は1989年に，ロンドン大学における講演「コピーセール論」で部分的であるが発表している。[3]

　この構想は，コンピュータ・システムとの情報通信ネットワークを活用した著作権と著作物の流通市場を構築することにより，現在世界的な懸案事項である大量コピーやマルチメディアの著作権問題を解決しようとするものである。本章は，これらの諸報告をもとに合意システムに基づいた著作権の流通機構である著作権市場，コピーマートの基本的な法的枠組みとその社会的・文化的意義と機能について考察を試みるものである。[4]

2.2
大量コピー問題と著作権の集中処理システム
【22.】

　著作権保護の要は他人の著作物を無断で複製してはいけないという点にある。ところが複写機器の発展と普及に比例して誰もが手軽に低いコストで複製ができるようになると大量コピーによる著作権者の被害は深刻な問題となった。[5] それに加えて，ディジタル技術により質の劣化しない複製物をさらに簡単に低いコストでつくれるとなると著作権法制の基盤が脅かされる。大量コピー問題は，ディジタル技術の登場により質的な変貌を遂げつつあるのが現状であるといってよい。[6]

　放置できない大量コピー問題に対処するために登場してきたのが，権利の集中処理システムである。大量コピーに対して個々的に著作権を処理することは現実的には無理であるが，それを放置することは一方で権利を付与しながら他方でそれがいわば絵に描いた餅になってしまうことになる。また，著作権保護の例外として私的使用が認められているが（著作権法30条），かかる私的使用が大量になされると著作権といいながらこれまた権利に値しないものに転化してしまいかねない（新しいレコードが大量に私的使用されることを想定すればよい）。[7] このジレンマから脱却するためにまずマスとしてのコピー現象を個別的に権利処理することは断念するが，その代わり，コピー機器やコピー媒体の価格に名目はどうあれ一定額を加算しその徴収額を徴収団体を通して何らかの算定基準に基づいて著作権者らに分配する方式，あるいは，大量にコピーをするユーザからそのコピー量の概数から算出したコピー料金を取り立てて著作権者らに分配する方式を導入する等が制度化されて

いる。これが権利の集中処理である。[8]

　たとえば，前者の方式をとる私的録音・私的録画制度では，空テープと空ビデオカセットの代金に上乗せしてユーザは「私的録音録画補償金」を支払う。それにより複製が法的に許諾され，ユーザは私的録音と私的録画ができる。[9] また，後者の方式は書籍についてみられる。日本でも欧米についでようやく1992年9月に「日本複写権センター」が発足し，企業を中心として事業所内のコピーに対する一括処理をしている。[10]

　こうした内外の権利の集中処理システムにおいて共通しているのは，複製される著作物に対して著作権者が個々的に許諾するという「権利」処理でない点である。つまり，そうした一括集中処理をしてもどの権利者のどの著作物をどれだけ複製するかを確定した上の権利処理ではないのであり，また，その確定はほぼ不可能である。したがって，集中処理システムにおける複製許諾はまったくの擬制である。権利集中処理機構への支払いは特定された著作権者に対する支払いではないので，まさに「債権者のいない請求権」[11] が存在していることになる。これは権利の大量被害を処理する措置として他に実効性のある方策がないためにやむを得ない擬制であるとはいえよう。しかし，それが常態化すれば著作権を私権とする法制度は根本から脅かされざるを得ない。[12]

2.3 ディジタル技術とマルチメディア著作権問題
【23.】

　現代社会から近未来社会にかけていたるところにディジタル情報が浸透していくことはまちがいがない。それを彩るのがマルチメディア・ビジネスであり，世界中がインターネットのような通信ネットワークで接続されて情報が時間的・場所的隔たりを感じることなく流れるようになる。こうした中でわれわれの夢を膨らませるような構図があちこちに描かれている。マルチメディア・ビジネスもまだ方向が定まったとはいえない現況であるが，ディジタル技術とマルチメディア・ビジネスが社会制度のみならず法制度に多大のしかも前例のない性格の影響を及ぼすことも確実である。したがって，法律的にその問題点を正しく把握し必要に応じて制度的対応を模索する時期が到来している。

　ディジタル技術は，文字，音楽，絵画，グラフィック，写真，コンピュータ・プログラム，データベース等われわれの五感にとってそれぞれ異なる著作物であるものを0と1のビットの世界では区別のないものにしてしまった。つまり，書物であれ映画であれ，コンピュータに入力されディジタル化されると，数字が並んでいるのであってその限りでは著作物相互の区別がつかないのである。ディジタル・データは，まさに量としての情報といえるのであり，誤解であるにしても，一見著作物性が否定されそうである。[13] また，すでに触れたように，ディジタル技術は著作物の質を劣化させることなく正確で安価にかつ迅速に誰もが簡単にその複製をつくることを可能にした。ディジタル情報として多種多様な著作物を入力しまた出力できるので，技術的に

まだまだ発展する余地を残しているが（たとえば動画処理），マルチメディアが新しいビジネスとして関心が持たれるとともに，そのようなディジタル技術が従来の著作権にいかなる影響を与えるかが急速に法的な関心の的になってきているのも当然である。[14]

さて，マルチメディア作品の制作にあたり大きなネックになるのが著作権問題である。マルチメディアは多種多様な著作物を対象に従来考えられなかったような利用方法を可能にする。既存の著作物を変容して新しい作品を創り出すことをディジタル技術はいとも簡単にやってのけるのである。そうなると，そこで利用に供される多種多様な著作物の著作権処理が厄介な問題となってくる。たとえば，マルチメディア作品を制作する際にいろいろな他人の作品を利用したくても，その作品に著作権があるのか，誰が権利者か，どのように権利者にコンタクトできるのか，権利者が使用を許諾しないとどうするのか，許諾しても多くの著作物のマルチ利用であるのでそのコストは異常な額になりかねないがどうすればよいのかがわからない。ある音楽作品の数小節をマルチメディア教材に利用すれば効果的であってもそのような短い時間単位での許諾はいまの実務ではされていない。[15] さらに，ディジタル情報であると他人の作品を自由に作り変えることが容易であるので，著作人格権の侵害問題をどうするのか等々の諸問題が山積みしている。[16]

かようにディジタル技術は著作物の制作から利用までの従来の観念を180度転換しかねないのであり，既存の著作権法制に前例のない新たなインパクトを与えることになった。[17] しかもマルチメディアになると，現行のような個別の著作物ごとの権利集中処理機構では適切に対応できにくい。そこで誰もが思いつくのは強制的な複製許諾制度を立法することであろうが，マルチメディア作品であるからといって強制許諾制度を正当づけるとはいい難い。

2.4
発想の転換【24.】

　問題の根源を改めて問い直してみよう。大量コピー問題はもとはといえば著作権による著作物の大量の無断利用問題である。あるいは，私的使用で例外的に著作権が制限されるのであるが，あまりに大量にそれがなされることにより著作権者に生ずる被害問題がその根源にある。[18] マルチメディア問題は，多種多様な著作物の多面的な利用の前に著作権の壁が立ちはだかるために著作権文化の発展に支障が生ずるという深刻な問題である。このことは別の角度からみると著作権者の許諾があれば大量コピーもマルチメディア作品の制作も可能であるということである。したがって，発想を転換してそのような「場」をつくれば大量コピーも権利者の権利侵害から権利者の権利実現に見事に変質するのである。多種多様な著作物を利用するマルチメディア作品も創意を活かして制作できるのである。コピーマートはまさにそれを試みるものであり，かなり単純な自由な取引市場とともに，商品市場や証券市場のように，著作権が自由に取引される本格的な市場を民間の手でつくるものである。

　コピーマートは，権利者により著作権データが登録され，かつ，権利者が決めたライセンス条件が利用者に提示される。さらに，それは，著作物のコピーを入手できる取引の「場」である市場である。この著作権市場は合意・契約による社会システムである。しかも，このシステムは，ハイテクノロジーをフルに活用したVAN（Value Added Network）システムである。[19] また，それは権利登録システムであり，複製に対する代金回収と権利者への支払い，

コピーの配布をオンラインですることができる。

　なお，こうした契約システムは，現代法においてどのような役割を果たすものであろうか。コピーマートは問題解決のモデルということができる。そして，そのモデルは法的な問題解決の枠組みであるので法的モデルである。それは，コンピュータ・テクノロジーや情報工学の到達点や到達可能点を技術的にモデル化した上で，著作権データや著作物データを正確に処理する大量コピー問題解決に有効な法モデルとして考案されたものである。[20]

2.5
コピーマートの構造【25.】

2.5.1 大 要 【25.1】

　コピーマートは2種のデータベースから構成される。一つは著作権マーケットであり，他は著作物マーケットである。コピーマートはシステム全体を指し，著作権マーケットは著作権データが登録されているデータベース，著作物マーケットは著作物・作品が収納されているデータベースである。コピーマートは市場でありそこで大量の著作権データが登録され著作物の取引がされるが，別に巨大な建物がいるわけではない。

　著作権マーケットと著作物マーケットを統合するコピーマートは，その構築者であるコピーマート主宰者（これには種々の事業体が考えられる）が管理・運用する情報サービスであり，著作権情報が登録され関係者間の交渉で自由に取引できる著作権の集中取引のためのシステムである。このシステムの法的性質はいわゆるシステム契約である。[21]

　このシステム契約においては，権利者はコピーマートに自己の著作権を登録し希望する取引条件を利用者に提示しておけば，利用者が登録著作物の複製をコピーマートから入手すればそれと同時に自己の口座にライセンス料が振り込まれるので，私権としての著作権の権利実現が保証されている。また，利用者は，コピーマートで各種の著作権情報を検索し，各著作物の複製が即時に入手できる。また，マルチメディア作品の制作を企画する際に，マルチ

メディア制作に占める著作権コストの見積もりができる。さらにその価格について権利者との直接交渉がコピーマートで電子的に可能である。

2.5.2 著作権マーケットと著作物 【25.2】

著作権マーケットは著作権が登録されている市場である。それは，著作権者，団体または著作権取引の受託者・エージェントが，著作権情報を登録することができるデータベースである。著作権マーケットに登録される「著作権データ」には，著作者・権利者の名称，著作権・著作隣接権の内容，著作物の種類，著作物の簡単な説明，保護期間，ライセンス条件・販売条件，著作権許諾料等が登録されている。その内容は権利者が自由に決めることができるし，登録後もその取引条件を変更することができる。また，権利者は複製のコピーマートに同一の「著作権データ」を異なる条件で登録することも可能である。著作権マーケットでは，著作物の利用者が希望する著作物を調査し利用目的に合った著作物の利用可能性とそのコストに関する情報をあらかじめ知ることができる。[22]

著作物は，キーワードや文章で概要を記述したり，また，音楽作品の一部を演奏したり，絵画の部分を見せる方法で表示される。また，ライセンスや販売条件は，権利者側が，パスワードを使用して適宜変更することができる。その変更があらゆる項目に対して可能か指定された項目に限るかは，プログラムの関係でコピーマート主宰者が定める。

著作権マーケットで登録され利用者が利用できる情報の中には著作権の保護がない作品も入れることができる。たとえば，コンピュータ・プログラムを登録しているコピーマートの場合，有償のプログラムとともにいわゆるフリーウェア・シェアウェアに関する情報もあわせ登録するほうがそのコピーマートの利用価値を高めるのであれば，プログラムの関係でコピーマート主宰者はそうするであろう。[23] この点は，それぞれのコピーマートの趣旨を考慮して判断

されるが，一般的にそこまで拡大されたコピーマートのほうが，利用者により広く著作物・作品にアクセスする余地を提供するものとして望ましいであろう。

著作物マーケットは著作物の複製を入手することができる市場である。それは，利用者の要求があれば料金と引き換えで著作物のコピーを提供するデータベースである。著作権データベースに登録された著作権についてはその許諾条件が提示されているので，コピー提供を希望する者はその価格をあらかじめ了知した上でするのであり，かつ，コピーマートではその支払いが電子的に決済される。[24]

著作権のない作品のコピー提供に対してはコピーマート主宰者がその費用を利用者から受け取る。また，著作権マーケットに登録されているが，その著作物が著作物マーケットにまだ収録されていない著作物については，個別にコピーマート所有者がそのコピーを入手し提供するサービス（オフライン・サービス）も考えられる。[25]

コピーマートのコピー料金であるが，コピー部数により料金に差が生ずる。つまり，1部のコピー代よりも複数のコピー代のほうが低く定められることになろう。これは，基本的には著作権者の判断によるが，コピーマート側としてはそうした料金リストの参考資料を用意して登録権利者を支援することになろう。[26]

2.5.3　システム契約としてのコピーマート　　【25.3】

2.5.3.1　3種の契約　　【25.31】

コピーマートには少なくとも3種の契約が存在する。[27]

その1は，著作権データを著作権データベースに登録するためのコピーマート主宰者と著作権保有者との間で締結される著作権データ登録契約である。

その2は，コピーマート利用契約である。これは，利用者がコピーマートにアクセスしたときに利用者とコピーマート主宰者との間で締結される。な

お検討を要するが，その利用料は利用のタイプにより異なり，同種の著作物のシングル利用の場合は異種の著作物のマルチ利用よりも低額となろう。

その3は，著作物のコピーの提供を目的とする契約である。著作物のコピーを提供する場合，その契約は利用者と権利者との間で締結される。これに対して，著作権保護のない作品のコピー提供では，提供契約は利用者とコピーマート主宰者との間で締結される。さらに，コピーマートはマルチメディア作品の制作で効用がみられるが，利用者と多数の権利保有者との間でその許諾料やその他のライセンス条件をめぐり，電子契約の直接交渉の場としても機能する。

ところでこうした個別契約はコピーマートにおいて一体として統合された一つの契約に統括されている。そして3つの契約がばらばらに機能しないようにまとめているのがすでに述べたように情報処理システムであり通信ネットワークであるVANを活用したシステム契約である。

2.5.3.2　コピーマートの代金支払システム　　　　　　　　【25.32】

まず，著作物のコピーセール代金について，利用者がコピーマートを利用し，登録されている著作物を取引条件に従って利用した場合，VANシステムではそのコピーセール代金が自動的に利用者から権利者に支払われる（そのためのトゥールとして集積回路チップ，プリペイド・カード，POS等の利用が考えられる）。権利者と利用者間で契約が締結されれば，手数料がコピーマート主宰者に支払われるが，このコピーマートのサービス利用料金はコピーセール代金に含まれる。

次に，コピーマートのサービス利用料金のうち，権利者の登録手数料は無料・有料方式が考えられるが，登録へのインセンティヴを考えると無料方式も考えられる。コピーマートが普及してくると権利者は競って登録するようになり，有料が原則化するであろう。

さらに，利用者サイドがコピーマートにアクセスして，著作権マーケットを利用する場合，利用手数料を支払う。その際，著作物のシングル利用・ダ

ブル利用・トリプル利用・多重利用のように細かく段階を分けることも検討されよう。多重利用方式はマルチメディア作品の編集・制作に利用される方式である。なお，コピーマート利用手数料であるが，インターネットでその傾向がみられるように現実にはアクセスは無料とし，あわせて「ある程度」の実のある著作物情報も無料で入手できる利用システムが活用されよう。

著作物マーケットを利用したコピーセール代金はコピーマートを通して権利者に支払われる。これに対して，権利保護期間を経過した著作物や著作権のない作品が利用された場合，コピー料金とコピーマートの利用サービス手数料が利用者からコピーマート主宰者に支払われる。かかる分別した個別権利処理は電子取引システムにおいてはさして困難ではないであろう。

コピーマートの特別サービス利用料金として，利用者と権利者間の個別交渉システムのサービス提供，コピーマート自身の多重権利処理の代理・斡旋サービス提供等に対する料金が設定される。この点に関して，個別交渉成立ごとに料金をチャージする方式（これも利用者・権利者のいずれが支払うかでさらに分かれる），さらにはこの特別サービスを無料とする方式も考えられる。

2.5.3.3　２次コピー問題　　　　　　　　　　　　　　　　　【25.33】

コピーマートでは著作物の１次的な複製段階における著作権処理は完全にできるにしても，２次的・３次的なコピーに対してはそのシステムは電子的に及ばない。したがって，コピーマートの利用者が入手したコピーをさらにコピーして他に譲渡する行為はどうなるのかという疑問が当然出されよう。これは困難な問題である。この点については今のところ次のような３通りの対応が考えられる。その１は，大量コピー問題では１次コピーの対価を権利者が確実に手にすることが最大の重要事であるので，２次コピーは問題にしないとする。[28] その２は，コピーマートの１次利用のときのように電子化されていないが，コピーマートが２次以下のコピーに対するサービスを提供する（２次コピーが１次コピーと同じものであればそのコピー料金は１次より低額にすることも考える）。その３は，コピープロテクトにより技術的に２次

コピーを防止する。

　これらの対応のうちソフトウェアであれば第3の方式，専門的な文献複写の場合には第1の方式，音楽作品であれば第2の方式が意味を持つといったように，2次コピー問題は著作物一般を通して画一的に扱うべきものではなく，著作物の特性やコピー利用態様を考えて権利者が決めればよい。また暗号技術により第2の方式と第3の方式を接合する高次なシステムも検討されよう。

2.5.4　マーケットとしての特色と権利の集中処理機能　【25.4】

2.5.4.1　著作権取引の市場性　【25.41】

　コピーマートへのアクセスは自由である。[29] コピーマート利用者は著作権マーケットを利用して求める著作物ないし作品の所在を容易に知り，同時に，著作物マーケットからは権利者に対する支払いと引き換えに有償で他人の著作物を利用できる。また，利用者は，複数のコピーマートにコンタクトして求める作品を利用者に見合った条件で入手することができる。

　もちろん権利者がこのマーケットを利用するか否かは自由であり，利用するにしてもその許諾条件を適切と思う内容に設定できるしその変更も可能である。コピーマートは権利者の意思と利用者の意思が尊重される私的自治の世界である。

　それは権利者と利用者の取引交渉の場であり多くは権利者があらかじめ定めている許諾条件で取引がなされるであろうが，個別交渉が自由な「場」であるので，既述のようにその交渉システムをコピーマート主宰者が特別サービスとして提供することができる。交渉が成立すれば，取引条件に従ってコピーマート利用手数料が別途加算されうる。

　コピーマートが市場であるのは次のような特性にあらわれている。コピーマートは権利者がその保有する著作権等にかかる処分（複製の許諾等）をすることができるし，権利者はその取引条件を自由に設定・変更できる。コピ

ーマートの利用者はコピーマートに登録され複製ができる著作物を選択しその判断でコピーマートからコピーを入手できる。その取引代金はコピーマートを通して権利者に支払われる。これに対して，著作権のない作品の代金はコピーマートの主宰者に送金される。

単一のコピーマートでもこうした著作権の市場性を備えているが，複数のコピーマートが予想されるので，それぞれの特徴を活かしたコピーマート群が輩出すると，同じ権利者の同じ著作物でもコピーマートの特色により許諾条件が異なることもある。[30] これも市場性を顕著に示している。

コピーマートは多種類の著作物を取り込むほど利用価値が高くなるが，その初期にはかなり著作物の範囲について限定した形のコピーマートが多いであろう。また，その市場としての規模も大小さまざまであってよいが，登録される著作物の品目と量，その許諾条件がコピーマートの独自性と価値を定めるであろう。ライセンスの塊のようなマルチメディア・ソフトが普及してくるとコピーマートはそうしたマルチメディア・ソフトの制作企画に利用され，やがてディジタル技術とマルチメディアの発展が相乗作用をもたらすであろう。コピーマートがビジネスとして定着するとデータベース化された情報固有の性質からその拡充が飛躍的に進み，マスコミでコピーマートの買収や合併が話題に上るのもあまり遠くないことかもしれない。何よりもコピーマートの市場としての機能が情報文化の普及を支えることになる。

2.5.4.2　権利の集中処理機能　　　　　　　　　　　　　　　【25.42】

コンピュータ・テクノロジーによる大量コピー問題は，マルチメディア事業の展開を前にしてますます混迷の度を増しているが，コピーマートは，かかる大量権利処理問題を解決するシステムとして機能する。まず，多数の権利者が著作権データをコピーマートに登録するに際してある程度の権利集中がされている。それに加えて，コピーマート自身が，「商社」機能を持ち複数の権利者の複数の著作物のマルチメディア利用についての条件設定・提案を代理・斡旋するが，これは利用者によるマルチメディア作品の企画・制作

段階から横並びで著作権を集中処理することになるといえる。いうまでもないが，著作権ライセンスそのものは権利者と利用者間で直接取引される。

　かかる著作権市場としてのコピーマートは，その目的に応じて多数構築されるであろうし，また，ある著作権情報が複数の市場に登録され取引されることになろう。コピーマートはマルチ利用が可能であるが，その市場へのアクセスもそれに応じて，著作物のシングル利用と多重利用を区別することになる。また，著作権のない作品も合わせて著作物マーケットにディジタル化しておけばその利用価値は増大するし，ディジタル化されていないものでも著作権マーケットでアクセスができるようにしておき，そこでヒットした作品は別途コピーセール方式で提供できるようにすればよい。

2.5.4.3　既存の権利集中処理システムとコピーマート　　　【25.43】

　ここで，既存の権利の集中処理システムにおける権利処理とコピーマートにおける権利処理との関係について一言触れる必要があろう。まず，既存の権利の集中処理システムで利用者・機器メーカー・媒体メーカー・コピー業者等が負担するコストとの関係で，コピーマートで入手するコピーに対して利用者が支払う代金が二重払いになるのかという問題が考えられる。この二重払い問題が問題として意味を持つのは次の場合であろう。すなわち，既存の権利の集中処理システムにおいて利用者が負担するコピー・コストが，利用者の特定ならびに著作物の利用内容の確定を前提にできる場合でしかもコピーマートの利用者が同一の権利者の同一の著作物の同一の複製に対して同時に代金を支払うときである。しかし，現行の権利の集中処理システムではこうした場合はないといえる。したがって，両者が相互にまったく無関係であるとはいえないが，同一の著作権の利用に対して法的に二重払いになることはさしあたり問題にはならない。最近，個別処理の傾向が既存の権利の集中処理システムにもみられるようになってきたが[31]，その場合でも，そこでの個別処理とコピーマートにおける個別処理が，同一の権利者の同一の著作物の同一の複製についての同時処理になることはないといえよう。

2.5 コピーマートの構造

　次に，コピーマートは既存の権利の集中処理システムと接続が可能かが問題となる。基本的には，既存の権利の集中処理システムが著作権の個別処理を文字どおり実施するシステムを部分的であれ実現している場合でかつ著作権処理を委託されているとき（つまり集中処理システムと著作権保有者との間で権利問題（right problem）が解決されているとき）に限りコピーマートと接続できる。そして，コピーマートは国際取引でも国内取引でもよいので，外国の権利の集中処理システムが国内のコピーマート上で外国の権利者保有者の代理人となることになる。これに対してかかる個別権利処理権限を委託されていない権利の集中処理システムは，コピーマートに直接接続できない。

　さらに，既存の権利の集中処理システムがその国で著作権処理の排他的な団体としてその権限を独占し，かつ，国内ではそれ以外に内外の著作権者が自己の著作権を処理することを許さない場合にはその国でコピーマートは存在できないことになろう。しかし，外国の著作権処理権限までを一手に独占する機構の法制度化はできないことであるし，国内に限ってもそこまで独占的な著作権の集中処理機構は実現は無理であろう。

　このようにみてくると，コピーマートは個別の著作権者と利用者との個別処理に徹するシステムであるので，既存の権利の集中処理システムと互いに矛盾する関係に立つものとはいえず，むしろコピーマートと既存の権利の集中処理システムとは共生することになる。この場合，条約ないし各国の集中処理機構間の協定がない限り，権利の集中処理システムはその国限りの効力を持ち，外国にまでその権利主張はできないのであるが，コピーマートは別にそうした制約はなく外国の著作権を含む著作権の取引の場であってもよい。国境の壁を克服しなければならない権利の集中処理システム（これは現在厄介な問題になっている）とそうした壁のないコピーマートが共存している状況は現状よりもかなりの改善である。したがって当面はコピーマートと権利の集中処理システムとが共生関係に立つ状態で推移していくであろうし，その行く先となるとやはり著作権者と利用者との直接の個別処理方式の普及と浸透であろう。

2.6 コピーマートが利用される分野【26.】

　コピーマートは，民間のデータベース事業であり，通信回線の発達によりその国際的事業展開も容易である。たとえば，電子出版物の販売，学習，研究，資料収集調査のための電子図書館[32]，学校教育用，受験用あるいは個人自習用の電子学習塾，電子カレッジ[33]，ソフトウェア・マーケット等が可能である。現にそのような事業がCD-ROMなり通信ネットワークを通して展開されている。[34]

　コピーマートの単純な利用であるが需要が多いと予想されるのは，それが，特定の分野の諸作品の複製を電子メールないし電子宅配便で入手することができる「コピーセール」市場として利用されることである。コピーマートの利用者は，登録されている著作権データを検索して求める著作物情報を見いだしその複製を入手できる。コピーマートはいうまでもなくマルチメディア作品の制作・企画における多重著作物の利用に関心を集めるであろう。この関連では，マルチメディア作品の企画・試作品・モデル商品の編集企画事業（「マルチメディア編集プロダクション」）がコピーマートをベースに展開できよう。さらに，電子博物館，電子美術館，電子シアター，電子観光や電子パークのような教養・文化・娯楽面もコピーマートにその用途を見いだすであろう。

2.7 情報文化の担い手としてのコピーマート
【27.】

　日本は複写機器では世界市場でかなりのシェアを確保し,コンピュータ・テクノロジーではハード・ソフトにおいて優れた技術を誇っている。それにひきかえ,著作権問題となると,日本は,著作権とくに外国の著作権を侵害しているという「悪評」を脱し切れていない。[35]

　ハイテク技術に誇りを持ち,国の政策として生活の質を問題にしつつある日本として,ハイテク技術により加速され深刻になっている世界的な大量コピー問題という難問を,逆にハイテク技術を駆使して解く方向を模索すべきではないか。これが私の「著作権市場」構想の動機である。

　この構想は,ハイテクを利用して著作権体制と技術とビジネスとの共存を図るシステムである。それは,コンピュータと通信技術を活用した著作権法制と契約制度との共存を図るシステムであり,技術と法との共生モデルである。技術と法という専門領域は必ずしも相性は良くはないが,コピーマート論に私が関心を持つのは,それが両者の共生モデルとして大量コピー問題に対する「解」として期待できるからである。この構想は,マルチメディア問題はもちろんのこと,文献複写問題,レコードやビデオの私的録音・録画問題,コンピュータ・プログラムの複製問題を包含するものである。ただし,その構想が実現すれば問題がすべて完全に解決されるものではなく,合意システムである以上すべての著作権を包含するものではなくいわば「部分解」である。しかし,それは,私権としての著作権の実効性ある実現を確保するものである。この意味でコピーマートという法モデルは危機的な様相を呈し

ている著作権法制の生き残りを図る上で意義を持つものである。法制度に対するハイテク・ビジネスの緊張関係という従来のパターンに代わり，コピー問題における三者の共生という積極的な視点が新しい情報文化の創出につながろう。しかし，それ以上に私が興味をそそられるのは，コピーマートが，われわれに新たな生活様式を提供し，新しい情報文化をつくり出す道に通じているからである。この点に触れて結びとしたい。

　種々さまざまの著作物のコピーマートが多数できると，最先端の研究動向や専門の研究資料・文献へのアクセス，あるいは，刻々と変動する政治・経済・社会情勢の把握等へのアクセスは容易になる。また，内外の美術館めぐりや古今の名画や名曲鑑賞のような娯楽・趣味・教養が身近なものになり，さらに，段階的学習・教育のマルチメディア化が進展する。その広がりはまさに限りがない。既存の諸制度のありようが根底から構造変化をみせることになるといっても過言ではない。身近な生活，企業，取引社会，政治・行政の諸制度，文化・教養・娯楽施設から研究・教育制度等々のどれをとっても，程度の差はあれその様式・機構・意思決定過程等が構造変化をみせるようになるであろう。[36]

　コピーマートは著作権の取引市場であり，深刻な著作権問題の解決のために役立つことが期待できる。しかし，そこからビジネスの活性化に加えてそれを超える別の世界が開かれてきそうである。コピーマートの創成期から展開期にかけて，コピーマートが，あらゆる著作物の著作権ビジネスに，さらに著作権を核にした知的財産ビジネスにも応用が可能であることが判明してくる。コピーマートの汎用性がそうである（第4章参照）。それは，われわれの生活様式が質的に変わることであり，情報文化革命が起こることである。ことはそう簡単でないかもしれない。しかしながら，コピーマート構想の根底により深い意味が秘められているのではなかろうか。それは，文化・芸術・学術のフォーラム，生活環境を豊かにするサロンの「場」として機能するコピーマートの姿である。コピーは，もとは豊饒の女神を意味するCopiaに由来する。コピーマート構想は現在のあまりにも暗いイメージにつきまとわれているコピー問題にその語源に戻るような彩りを与えるであろう。[37]

[註]

1） Z. Kitagawa, "Copymart : A new concept――An application of digital technology to the collective management of copyright", WIPO Worldwide Symposium on the Impact of Digital Technology on Copyright and Neighboring Rights, Harvard Law School, March 31 to April 2, 1993, p139‐147, 拙稿「著作権市場論」日経エレクトロニクス582号94‐97頁（1993年6月7日）。

2） Z. Kitagawa, "Computer, Digital Technology and Copyright", WIPO Worldwide Symposium on the Future of Copyright and Neighboring Rights,Paris, Le Louvre, June 1 to 3, 1994, 拙稿「マルチメディアと著作権――コピーマート：著作権市場論」電子情報通信学会誌77巻9号933‐935頁（1994年）。

3） Z. Kitagawa, "Copyright Clearance or Copy Sale――A Thought on the Problem of ˝Mass Right˝", *AIPPI Journal International Edition*, 14-4, pp.207‐215, Archiv für Urheber-Film-Funk und Theaterrecht, Bd. 117, pp.57‐69, 1989, 拙著『技術革新と知的財産法制』202‐221頁（有斐閣，1992年）。

4） 以下の論考はシドニーのシンポジウムで発表したZ. Kitagawa, "Copyright Usage Tracking Technologies", IFFRO and CAL（Australia）, Copyright in the Asia Pacific Region : Reprography and Digital Copying, 1995, pp.184‐198に手を加えたものである。

5） U. S. Congress, Office of Technology Assessment, Intellectual Property Rights in an Age of Electronic and Information, 1986, 北川善太郎監修，㈳日本電子工業振興協会訳『電子・情報時代の知的所有権』4章（1987年）参照。また，著作権審議会の報告書は慎重な表現であるがその実態調査からそのような事態が軽視できないことを述べている。たとえば，著作権審議会第8小委員会（出版者の保護関係）報告書（1990年6月）によれば「今日，出版物の複写利用がかなりの数に上っており，計数的な明示が困難なものの，出版物の購入に代えてその複写による情報の入手が頻繁に行われることによって，出版者の経済的利益に影響を与えていることは，否定できないと考えられる。」（23頁）。また，著作権審議会第10小委員会（私的録音・私的録画関係）報告書（1991年12月）は，私的録音・録画の実態調査の結果，「一方では権利者の利益によい影響を与えている側面もあるが，同時に，権利者の利益が十分確保されていない側面もあると考えられており，私的録音・録画の多面的な性格がうかがえる。」（26-27頁）としつつ，制度的対応策を肯定するにあたり次のような判断を示している。すなわち，私的録

音・録画を自由かつ無償であるとした著作権法30条の例外規定は，そうした利用が零細であり著作者等の利益を不当に害しないものであると考えられたからであるが，「その後の実態の推移によって，現在では，私的録音・録画は著作物等の有力な利用形態として，広範に，かつ，大量に行われており，さらに，今後のデジタル技術の発達普及によって質的にも市販のCDやビデオと同等の高品質の複製物が作成されうる状況となりつつある。これらの実態を踏まえれば，私的録音・録画は，総体として，その量的な側面からも，質的な側面からも，立法当時予定していたような実態を超えて著作者等の利益を害している状態に至っているということができ，さらに今後のデジタル化の進展によっては，著作物等の『通常の利用』にも影響を与えうるような状況も予想されうるところである。このようなことから，現行法立法当時には予想できなかった不利益から著作者等の利益を保護する必要が生じていると考える。」(73頁)。そこには実態調査を踏まえながら，政策形成段階では一歩踏み込んだ判断を現状と今後の進展に対して下している。

6) かかる状況に対する日本の取り組みは各国の中でもむしろ早くみられた。たとえば，著作権審議会マルチメディア小委員会第一次報告書「マルチメディア・ソフトの素材として利用される著作物に係る権利処理を中心として」(1993年11月)によれば，「マルチメディア・ソフトにおける著作物の利用をはじめとして，今日，情報の複製・伝達技術の発展により，大量かつ多様な著作物の利用が著しく進展している。このような状況に対応して，既存の著作物の適切かつ円滑な権利処理体制が整備されることは，著作物の利用範囲の拡大とともにその有効活用につながるものであり，マルチメディア・ソフト製作者などの著作物の利用者と既存の著作物の権利者の双方にとって有益であるのみならず，広く国民による文化的所産の享受に資するものである。このような観点からの体制整備の具体的内容としては，権利の所在情報の提供体制の整備と権利の集中管理体制の整備が考えられる。」(34頁)。さらに，同小委員会ワーキング・グループ検討経過報告書「マルチメディアに係る制度上の問題について」(1995年2月)がまとめられている。知的財産研究所「Exposure（公開草案）'94——マルチメディアを巡る新たな知的財産ルールの提唱」は，権利処理をめぐる権利者と利用者の懸念について検討し，集中管理機関の必要性とその利用の促進のための措置（権利者に対する適正な対価の還元を確保し，不正な著作物の利用に対して権利者に代わって警告しその他必要な措置をとりうる権限を集中管理機関に付与するなど，権利管理委

託にインセンティヴを与える）を検討している（16-17頁）。これは同「マルチメディア社会実現のために必要な知的財産ルールに関する調査研究」（1995年6月）にまとめられている。

　しかし，いずれもインターネットが生み出した空間であるサイバースペースにおける著作権問題についての検討は十分でない。

7) この点については，前掲註5・著作権審議会第10小委員会（私的録音・録画関係）報告書，参照。

8) 少し前であるが，International Bureau of the World Intellectual Property Organization (WIPO), Collective Administration of Copyright and Neighboring Rights, Copyright November, 1989, pp. 309-354; ㈳日本音楽著作権協会国際室訳「著作権および著作隣接権の集中管理」著作権シリーズ84号（1990年）が参考になる。

9) 著作権法30条2項，104条の2以下。

10) 日本複写権センターは，著作権法上の制度ではないが，著作権者から権利委託を受け，利用者に対してその委託にかかる著作物の複写を許諾する業務を行う。1998年に文部省から社団法人の認可を受けるとともに，2001年には著作権等管理事業法に基づく著作権等管理事業者の登録もなされている。平成11年度末における包括許諾簡易方式による契約数は2,894で，平成11年度分として徴収された複写使用料は159,190,740円であり，この平成11年度分複写使用料については，平成13年3月末，権利者6団体に総額126,147,905円を分配したという〈http://www.jrrc.or.jp/profile.html#result〉。著作権の権利委託がその業務の前提条件であるので，この点の整備が進まないと制度的根拠に問題を抱えることになり，また使用料基準が1枚あたり2円という低額のために外国の権利集中処理団体との交渉が進捗していない。アメリカのCopyright Clearance Center (CCC)，ドイツのVG WORTについては，拙著・前掲註3・204-211頁参照（ただしその後双方ともに展開がみられる）。これらの点については別に改めて検討する予定である。なお，本文2.5.4.3参照。

11) 私的録音・録画の場合の補償金は，録音・録画機器と記憶媒体への課金であるので，複製される著作物や著作権者との関わりはない。また，日本複写権センターの例をみると，同センターの「使用料規程」第2節(2)(ii)の定める包括許諾契約における使用料は，実額方式，定額調査方式および簡易方式に分けられる（第2節(3)(ii)）。このうち定額調査方式は「センターが利用者と協議してサンプ

ル調査を行い，その結果に基づき利用者とセンターが協議して年間推計複写使用量を決定し推計複写量に基づいて使用料を算出する方式」であり，簡易方式は「①複写実態調査による推定複写量，②全コピー機台数，③全従業員数，または④全従業員数・全コピー機台数から1つを利用者が選択する年間使用料額の決定方式」である。なお，かかる方式の中から外国では個別の権利処理への努力が重ねられていることは注目してよい。その例について後述註31参照。

12) かかる権利の集中処理システムが私権である著作権の権利処理として法的に妥当根拠がないのではないかという問題がある。大量権利現象という近代法制にとり予想しなかった事態に対処する方策としてある程度やむを得ないものといえるので，私見も妥当根拠を一切否定することには賛成しない。ただ，そういう方向が一般化すると著作権の私権性に深刻な疑問が生ずることは否定できない。

13) この点について，音楽，絵画，書物等々それぞれ別個の著作物であるがディジタル・データとして渾然一体となったままであるとなると著作物性がその限りで消滅するのでないか，という疑問が生ずる。しかし，外見上はそうであっても，そうしたデータがプログラムとしてコントロールされている状態が持続している限りディジタル・データとなった後もそれぞれの著作物はそれとして存続しているといえる。Z. Kitagawa, 前掲註2, Computer, 4.1参照。

14) たとえば，U. S. Congress, Office of Technology Assessment, Finding a Balance : Computer Software, Intellectual Property and the Challenge of Technological Change, OTA-TCT-527, 1992, pp.161‐179参照。その後，Information Infrastructure Task Force, Intellectual Property and the National Information Infrastructure A Preliminary Draft of The Report of the Working Group on Intellectual Property Rights, Green Paper, July 1994; White Paper, September 1995が法的な検討を進め立法提案をしている。ヨーロッパでは，Commission of the European Communities, Green Paper Copyright and Related Rights in the Information Society, July 1995が発表されている。わが国については，著作権審議会マルチメディア小委員会第一次報告書（1993年11月），同ワーキンググループ経過報告書（1995年2月），前掲註6参照。

15) たとえば，㈳日本音楽著作権協会「著作物使用料規程」は，使用時間は，5分までを一律に規定している。

16) この問題に一歩踏み込もうとしたのは，知的財産研究所・前掲註6・19頁，22頁であり，同一性保持権の不行使特約を有効とし，また，「意に反する改変」

(著作権法20条)から「名誉声望を害する改変」に修正する提案をし，反響を呼んだ。しかし，内外の反応はむしろ批判的な声が強かったようであり，最終報告書ではこの線は後退した。同「マルチメディア社会実現のために必要な知的財産権ルールに関する調査研究」21-22頁（1995年6月）。

17) Information Infrastructure Task Force, Green Paper & White Paper, 前掲註14は，送信（transmission）による公衆への頒布も頒布権に含めること（US著作権法106条3項改正）や，発行（publication）概念に送信による頒布を入れること（同101条改正）を提案している。

18) ごく限られた家庭内の私的利用は現行法では許されている。つまり，著作権は制限されてそこまでは及ばない（著作権法30条）。問題は，こうした限度をはるかに超える大量コピーにより私的複製の本来の趣旨に合わない事態が一般化していることにある。すでに著作権審議会第10小委員会・前掲註5がこの事態を放置できないとして私的録音録画補償金制度を提案し，それが著作権法の改正につながった（平成4年法106号）。

19) VAN（Value Added Network）は，公衆通信事業者から借用した通信回線でネットワークを構成し，そのネットワークにコンピュータを接続することで，データの蓄積，速度変換，プロトコル変換，フォーマット変換などの付加価値をつけて，ネットワーク・サービスを提供するものである。なお，コピーマートでVANという場合，現行の行政規制に服する事業でなく技術モデルとして用いている。

20) 法モデルについては，拙稿「国際摩擦のなかの日本法（下）」NBL502号42-44頁（1992年），同「近未来の法モデルについて」法学論叢136巻4・5・6号47-52頁（1995年），拙著『近未来の法モデル』（高等研選書）（国際高等研究所，1999年）参照。

21) システム契約については，北川善太郎「システム契約の構造」同編著『コンピュータシステムと取引法』35-58頁（1987年）参照，Z. Kitagawa, Der Systemvertrag, Ein neuer Vertragstyp in der Informationsgesellschaft, Festschrift für Murad Ferid zum 80. Geburstag, S. 219-238. これは契約の現実類型の一種である。契約の現実類型については，拙著『債権各論［第2版］（民法講要4）』105頁以下（有斐閣，1996年），『現代契約法Ⅰ』38-39頁（商事法務研究会，1973年）。

22) こうした著作権登録制度はこれからますます増加するであろう。注目される

例として，L. Guedon, "International Identification of Computer Programs and Information Technology Products", WIPO Worldwide Symposium on the Impact of Digital Technology on Copyright and Neighboring Rights, 1993, pp.171-185.

23) 現在のNifty-Serveにその例をみる。この点の簡単な紹介として，Z. Kitagawa, 前掲註2, Computer, 3.2.

24) ここでVANシステムが働き自動的に著作権保有者の口座への振り込みがされる。なお，次註参照。

25) コピーマートであるためには，すべての取引部分が電子化されている必要はなく，基本的に著作権者の許諾を得てつくられたデータベースが著作権取引の市場として機能することが肝要であり，一部がオフライン処理であるコピーマートも考えられる。コピーマートの諸類型については稿を改めて検討する予定である。

26) コピー料金は法的・技術的な問題に加えて経済・経営問題の検討を必要としているが，この点はコピーマート論としてまだ十分解明できていない。

27) Z. Kitagawa, 前掲註2, Computer, 2.4.

28) これは契約上対象となった著作物について利用者との関係で一種の権利消尽効果を生じさせるものである。著作権者がそのような許諾条件を設定すると解されるならば別段問題はない。かかる権利消尽効果は，当該著作物の当該コピーの当該利用者に対する関係で発生するのであり，別の利用者はもちろん同じ利用者でもコピーマートから改めてその著作物を利用する場合には利用代金を支払うことになる。

29) アクセス方式として電子メール方式，CATV方式，店頭利用方式，電話，情報端末器方式，ファックス方式等，マルチメディア時代に登場する多様なものが考えられる。

30) たとえば，専門色の強いコピーマート，幅広い情報を収録したコピーマート，異種の著作物を特定分野に焦点を合わせて構築したコピーマート等，そのどれにも権利者は登録ができるのであり，そのどれにも利用者はアクセスできる。インターネットが開きつつある情報通信のグローバルなネットワークはこうした方向への展開をみせつつあるといって言い過ぎでない。そこでは許諾条件が画一であることはむしろ問題である。このような中で，各国単位のコピーマートよりも国境を超えるボーダーレスなコピーマートのほうがむしろ伸びるであろう。

31) アメリカのCCC（Copyright Clearance Center）の膨大なコピー料金リスト（Transactional Reporting Service Free Information Listed by Publisher）は個別処

理であるが，その進む方向はそのデータベース化でありコピーマートへの接近である。また，「コピーセール」に示唆を得たイギリスのCLA（The Copyright Licensing Agency）のCLARCS（CLA's Rapid Clearance Service）Copying Agreementsも同様の方向に向かっている。

32) ここでいう電子図書館は，電子化された図書館という一般的な用語（電子図書館については長尾真『電子図書館』（岩波書店，1994年）参照）よりも狭くそれに著作権マーケットがセットされているものである。

33) こうした学習・教育面でもマルチメディア利用やコンピュータ利用は飛躍的に拡充していくであろうが，ここでいう電子学習塾や電子カレッジは，著作権マーケットがあわせてセットされているものである。わが国でインターネットを利用して実験が始まった16大学の「仮想大学」構想（日本経済新聞1994年9月5日）はかかる方向にあるものである。コピーマート名城研究所の「オンライン日本法」については，後述3.2参照。

なお，情報サミットといわれた1995年2月のG7は，データベース構築，電子教育，電子図書館，環境資源管理，危機管理，健康管理，電子取引等11のテーマを決めている〈www.ispo.cec.be/g7; info.ic.gc.ca/G7〉。これらは今後の展開次第でコピーマートにも深く関わる。

34) かかる例はすでに多いが，Z. Kitagawa, 前掲註2, Computer, 3.2は "Software Envelope Service" "CD Shocase" "Nifty-SerbeのSOFTEC" を紹介している。

35) 一例を挙げると，1993年のWIPOシンポジウムでもアメリカの権利者団体代表の発言にはそのような趣旨のものがみられた。著作権問題を考えるときにこのような風潮は遺憾であり残念な思いがする。

36) 著作権市場であるコピーマートがインターネットの世界でグローバルなビジネスを展開するようになると，このような構造変化は疑いなく加速される。なお，ディジタル技術が支配するインターネット世界においては著作権が制約を受けて当然であるとかさらにはそもそも消失していくべきであるといった主張が法律外の専門家から強く説かれることがある。E. Dyson, Intellectual Value〈www.hotwired.com/wired/3.07〉; 公文俊平「情報権と智のゲーム」bit別冊（1995年）。しかし，インターネットの世界では大量の情報が自由にアクセスできまた自由に利用できるが，そのような現象があっても著作権という私権がインターネットの世界で制限されたり消滅すべきであるとする主張とつながらない。両者は別の事柄である。インターネット空間では情報は本来の姿を取り戻したといえそうであるが，それだけ

にその中で著作権情報の存在類型とその保護方法について新たな検討が求められている。

37) インターネットで繰り広げられる情報空間であるサイバースペースにおいて本稿のコピーマートが実現しているわけではないが，ときにそうであるかのような現象がしばしばみられる。それだけにこの問題は魅力ある課題であるがその考察は別の機会に譲りたい。

コピーマートの片隅 ② 「コピーマートとコピースマート」

　このようなテーマをあげるとまたもや和製英語のカタカナかとお叱りを受けそうである。コピーマートはその通りであるが、コピースマートは仏製英語である。この二つの外来英語の名付け親が去る４月上旬ボンのベートーベン・ホールで開催された「中小企業者のための電子取引」会議ではじめて出会い、仲良く発表することになった。この会議はEC委員会主催で３日間にわたり、ヨーロッパを中心にアメリカや日本からも参加があった。当地の新聞によると当初申込は少なかったのが次第に盛り上がり600名あまりが参加してなかなか盛況であった。EC委員会もかなり力を入れみずから展示ブースをかまえ数カ国語の分厚い電子取引ガイドらを提供していた。「エスプリ」「インプリマトウール」といったEC委員会の助成プロジェクトが多様な成果を競って電子取引システムのデモを実演していた。感心したのはインターネット上で自分の好みの大きさに合わせて彫刻の複製を注文できるコピースマートのデモであった。

　二つの外来英語はともにコピー問題に関係している。この点で私は少し前から著作権市場論を提唱してきた。コピーマートのマートは市場の意味である。マルチメディア、ディジタル技術、インターネットという技術革新とともにますます複雑になり混迷の度を加えている著作権問題を契約を介して市場で解決しようとするモデルである。1988年のロンドン大学の講演で発表したのが最初であった。これまで何回かこのモデルについてふれる機会があった。当初は「コピーセール」と称していたが、1993年のハーバード大学で開催された国際シンポジウム以来Copymartと称している。今回はEC委員会の招待であるが、ボン会議では同様な方向を打ち出しているヨーロッパとオーストラリアのプロジェクト主宰者とともに「電子著作権管理システム」部会の仲間に入れて頂いて一緒に発表することになった。そのなかに今ふれたCopysmart主宰者であるフランスのボアソンさんの報告もあった。会議のパンフを見ると私の名前の下にはCopymartとだけ記載されている。

　さて、ボアソンさんは早口でしゃべるコンピュータ専門家であるが、私がコピー・スマートなる表現に出くわしたのは昨年のことでそのときはまず正直いってびっくりした。コピーズマートかと勘違いをしたのである。今回親しくご本人と会えて話ができたのは収穫であった。２年ほど前から使用しているそうである。似たよ

うな似ていないようなあたりに0か1かというディジタルの世界でディジタルでない世界を感じた。
　せわしい日程であったが，会議終了後の立ち話でOECDの情報部門責任者から，ウォークマンといいコピーマートといい日本人の英語はなかなか面白いねというコメントをちょうだいしたのが今回の土産となった。
　ロンドン大学で契約アプローチをはじめて発表したときはやや緊張したが，今回それが一つの流れになっていることを実感した。

　　　　　　　　　　　　　　（北川善太郎,「京都新聞」1997年4月30日）

第3章へのナビゲーター【3.n】

　第2章ではコピーマートとは何か，を述べた。コピーマートの提示する権利管理システムは，現在の情報社会が抱える，すべてではないにせよ，重要な著作権問題に解決を与えるモデルの一つであるといえる。第3章は，かかるコピーマートをさらに総合的に検討すべく，1998年から国の助成を得て進めている5年間のプロジェクトについて紹介する。

　その前に，こうしたプロジェクトに至るまでのコピーマート研究の移り変わりについて振り返ってみよう。コピーマートというモデルは，監修者が1988年にロンドン大学で発表した「コピーセール」論に始まる。そして，1993年にハーバード大学で開催されたWIPO（世界知的所有権機関）の国際シンポジウムでは，このコピーセールの考え方を拡張し，汎用性を持つコピーマート構想が発表された。（その後の国際舞台における発表については，第5章で詳述する。）

　90年代前半のこの時期は情報技術とコンピュータネットワークが急速に発展した時期であり，とくに1995年は，米国においてインターネット元年と呼ばれ，新たなビジネスがスタートした年であった。しかし，情報技術の発展は，同時に，大量コピーや各種の権利侵害などを引き起こし，情報社会の著作権問題がクローズアップされた時期でもある。その中で，こうした情報技術を積極的に利用して著作権問題を解決するコピーマートの理論は注目を集めることとなる（外国におけるコピーマートの具体的な評価については第5章で触れる）。

　そうした展開の中で，1995年からコピーマート構想は共同研究によりさらに深化していくこととなる。コピーマートは監修者の個人研究の段階から共同研究の段階に入る。まず（財）比較法研究センターが軸となり，1995年5月から約1年半の期間で総合研究開発機構（NIRA）の委託研究としてコピーマートの共同研究を開始した。その成果として「NIRA研究報告書　マルチメディア時代における著作物の権利処理と流通に関する総合的研究」（NIRA Research Report No.970101）ならびに「NIRA政策研究　コピーマート：著作物の権利処理と流通に関する一提言」（Vol.10, No.12, 1997）が発刊されている。NIRAの研究では，主にコピーマートの法的側面について多角的に検討を行っているが，電子著作権管理システム（Electronic Copyright Management System：ECMS）やディジタル権利管理システム（Digital Rights Management System：DRMS）の

技術的検討についても若干の研究を行った。この技術的側面は，さらに情報処理振興事業協会（Information-Technology Promotion Agency, Japan：IPA）が将来有望な情報技術分野の技術シーズを育てることを目的として1995年の通商産業省（当時）の補正予算で実施した『創造的ソフトウェア育成事業』の中で，（財）比較法研究センターと（財）京都高度技術研究所が共同でコピーマート・ソフトウェアを開発した。その成果は，「コンテンツの複合的権利記述による権利保護と流通支援」として『創造的ソフトウェア育成事業及びエレクトロニック・コマース推進事業最終成果発表論文集』（情報処理振興事業協会，1998年）の中に収められている。

以上の共同研究による展開を踏まえて，1998年から開始したのが，本章で紹介する2つのプロジェクトである。

そのプロジェクトとは，（財）国際高等研究所で進めている「情報市場における近未来の法モデル」と，名城大学コピーマート名城研究所における「高度情報社会における知識情報システムの開発研究：コピーマート──教育実践を手掛かりとして」であり，ともに文部科学省からの助成を得て，1998年から2003年までの5年間研究を実施してきている。これら2つのプロジェクトは，情報社会が発展していく中で，従来は解決が困難であった問題や新たに生ずる課題に対して，コピーマートが示すことのできる解決策について研究する点で共通する。具体的にみると，前者は学術情報システムのコピーマート・モデル，後者は教育システムのコピーマート・モデルの構築を課題としている。

高等研のほうであるが，その研究対象はコピーマートの基礎研究，情報法研究，著作権研究，コピーマート応用に分け，それぞれの研究分野から得られた個々の研究成果を，コピーマートにより学術情報システムの中で有機的に統合する「高等研モデル」の構築を課題としている。

これに対し，コピーマート名城研究所は，コピーマートを法学教育に応用することを主眼としている。このプロジェクトは，ネットワークや情報機器を利用したオンライン教育が法学教育とりわけ民法の学習に与える効果に注目して，JALO（オンライン日本法）という新しい法学教育システムを構築することを課題としている。

第3章 2つのコピーマート・プロジェクト【3.】

（財）国際高等研究所研究員　　山名美加
コピーマート名城研究所研究員　水野五郎

3.1 「情報市場における近未来の法モデル」【31.】
3.2 「オンライン日本法（JALO）」【32.】

3.1 「情報市場における近未来の法モデル」
【31.】

3.1.1 国際高等研究所（高等研）の学術情報システムとコピーマート
【31.1】

「コピーマート」は，国際高等研究所（高等研）における「情報市場における近未来の法モデル」プロジェクトの中でこの5年間研究が進んできた。高等研におけるコピーマート研究の具体的な内容としては，コピーマートに関するシステム，技術，法律問題，コード体系などを扱う基礎研究，情報社会で発生している重要課題について学際的に研究する情報法研究，コピーマートの汎用性やビジネスモデルについての応用研究という3つの主な分野がある。一方で，そのコピーマート自体の具体的な実証実験として，高等研で進むあらゆる研究プロジェクトの研究過程（プロセス）と研究成果をコピーマートの仕組みによって有機的に統合する学術情報システムの高等研モデルを提唱するにも至っている。[1]

以下では，その学術情報システムの実践の場となっている高等研について少し触れた後，学術情報システムを具体的にみてみたい。実に多様な研究課題を扱う高等研からは，実に多様な研究成果が生まれ出ている。それらを外部に公表するため高等研のホームページと連動したインターネット出版の構想が持ち上がって数年になるが，その中核にコピーマートの仕組みを生かすことで，この構想が高等研独自の学術情報システム（高等研モデル）として発展してきていることがわかっていただけるだろう。

3.1.2 国際高等研究所（高等研） 【31.2】

　人類は，今日，豊かな物質文明の恩恵に浴しながら，一方で，人口，資源，環境，南北格差，倫理等が関わるさまざまな新しい課題に直面している。そうした時代的，社会的背景に由来する諸問題にどのように対処していくべきなのか。そして，21世紀の文化，科学，技術はどのような形をとるのか。それらの新しい問題に基礎的研究に立脚した新しい切り口で迫ることによって，「人類の未来と幸福のために何を研究すべきか」[2]を研究することを基本理念として掲げ，その基本理念に賛同する産業界と学，官界の強力な支援の下[3]，1984年8月に設立されたのが財団法人国際高等研究所（高等研）である。[4]

　1993年10月には，その研究所施設は，京都，奈良，大阪の接点に位置し，多様な研究施設が集積する関西文化学術研究都市（けいはんな学研都市）に

■国際高等研究所

（国際高等研究所提供）

建設された。多面的な分野から新たな学問の創造・進展を目指す「課題探求型」の基礎研究を行う場としての高等研の意義は，関西文化学術研究都市のみならず，世界的にも注目を集め始めているところである。

3.1.3　国際高等研究所の研究プロジェクト　　　【31.3】

「課題探求型」の研究を行う場としての高等研では，年間，大小十数個の研究プロジェクト（研究事業）が遂行中であり（図表3-1-1），その多くは，複数年間にわたるプロジェクトである。

そして，各々のプロジェクトにおいては各研究テーマの下，第一線の専門家集団を揃えて研究が進んでいる。しかし，個々のプロジェクトは，独立した研究テーマの下にあっても，「人類の未来と幸福のために何を研究すべきか」を研究するという高等研の基本理念に立ち返るとき，他のプロジェクトとの相関関係を省みて，いかに各々のプロジェクトを高等研の理念の下につなげていくのかという課題にも直面してきた。

そのため，そのような課題，多様なプロジェクトを横断する総合的な課題というものを，それぞれの専門から考えることで，高等研の各研究プロジェクトを，有機体的に結合させていこうという試みが開始された。その中では，それぞれのプロジェクトには個々のプロジェクト固有のもの，そして，そのプロジェクトが対象とする集団，さらには，高等研全体の環境との関わり等を配慮して，4つのキーワードが付され，そのキーワードを中心に相互連関を図ることを目指している。

したがって「情報市場における近未来の法モデル」において，その構築が進められているコピーマート研究も，高等研においては，単に独立した1つのプロジェクトではなく，有機体的な相関が明らかになりつつある高等研の研究プロジェクト全体の一部と位置付け直すことができる。

研究プロジェクトに4つのキーワードを付し，あたかも脳の神経細胞のよ

3.1 「情報市場における近未来の法モデル」

■図表3-1-1　2002年度研究プロジェクト（研究事業）一覧

研究分類	研究テーマ	研究代表者名	研究代表者専門
課題研究A[5)]	種族維持と個体維持のあつれきと提携	岡田益吉（国際高等研究所副所長）	発生生物学
課題研究A	「一つの世界」の成立とその条件―鎖国時代の日本とヨーロッパ	中川久定（国際高等研究所副所長）	フランス文学
課題研究A	多様性の起源と維持のメカニズム―多様性の新しい理解を目指して	吉田善章（東京大学大学院新領域創成科学）	プラズマ物理学，数理科学
課題研究A	思考の脳内メカニズムに関する総合的検討	波多野誼余夫（放送大学教授）	認知科学・心理学
課題研究B	公共部門における人材の配分と育成―官僚制の日・独・米比較	猪木武徳（大阪大学大学院経済学研究科教授）	経済思想・労働経済学
課題研究B	災害観の文明論的考察	小堀鐸二（京都大学名誉教授）	建築構造学
課題研究B	東西の恋愛文化	青木生子（日本女子大学名誉教授）	上代文学
課題研究B	国際比較からみた日本社会における自己決定と合意形成	田中成明（京都大学大学院法学研究科教授）	法理学
課題研究B	量子情報の数理	大矢雅則（東京理科大学理工学部情報科学科教授）	数理科学
課題研究B	スキルの科学に関する学際的検討	岩田一明（大阪大学・神戸大学名誉教授）	機械工学・精密工学・経営工学
課題研究B	センサー論	鷲田清一（大阪大学大学院文学研究科教授）	倫理学
特別研究	情報市場における近未来の法モデル	北川善太郎（国際高等研究所副所長）	民法学
特別研究	器官形成に関わるゲノム情報の解読	松原謙一（大阪大学名誉教授）	分子生物学
特別研究	物質科学とシステムデザイン	金森順次郎	物性物理学
共同研究	京都大学数理解析研究所との共同研究	高橋陽一郎（京都大学数理解析研究所教授）	数理解析学
共同研究（奈良女子大学との共同研究）	歴史的概念としての「日本」の形成と変容	広瀬和雄（奈良女子大学大学院人間文化研究科教授）	考古学
共同研究（宇宙開発事業団との共同研究）	21世紀の宇宙開発・宇宙環境利用の問題―人文社会科学からのアプローチ	木下冨雄（甲子園大学学長）	社会心理学

(注)　各研究事業の詳細は国際高等研究所ホームページに掲載（http://www.iias.or.jp/）

第3章　2つのコピーマート・プロジェクト

■図表3-1-2　研究プロジェクト相関図

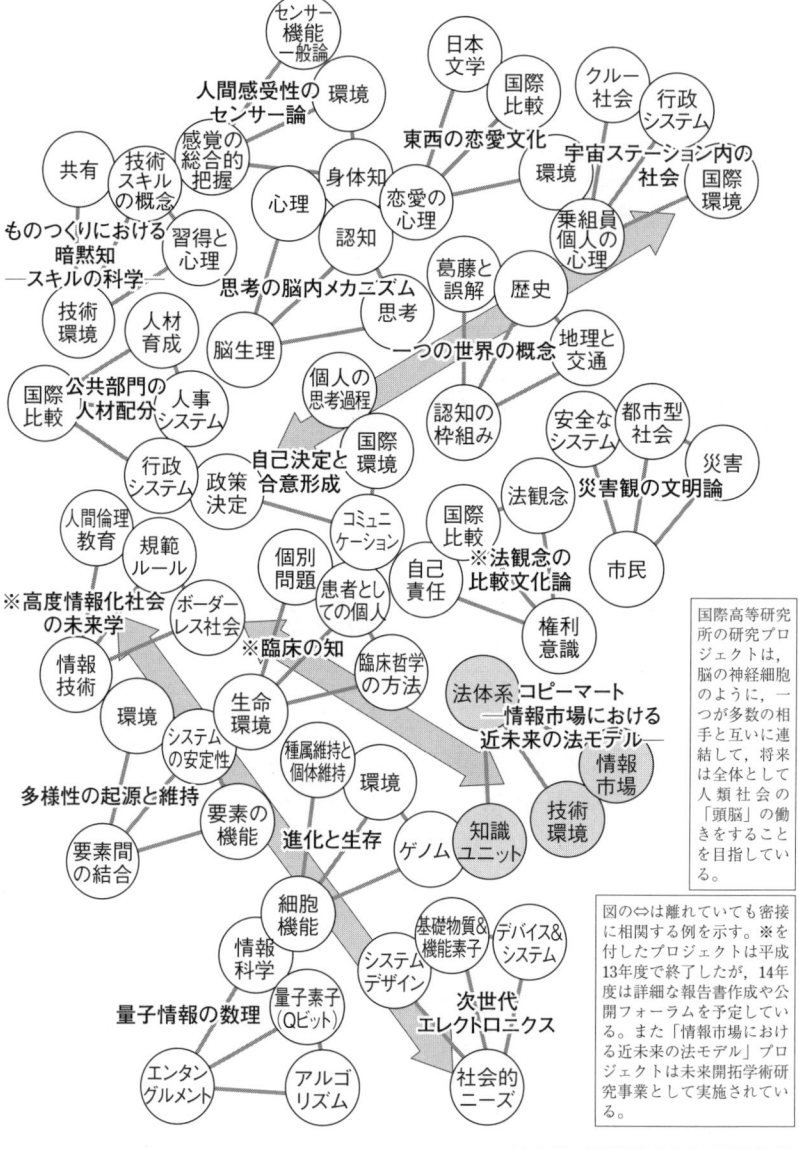

国際高等研究所の研究プロジェクトは，脳の神経細胞のように，一つが多数の相手と互いに連結して，将来は全体として人類社会の「頭脳」の働きをすることを目指している。

図の⇔は離れていても密接に相関する例を示す。※を付したプロジェクトは平成13年度で終了したが，14年度は詳細な報告書作成や公開フォーラムを予定している。また「情報市場における近未来の法モデル」プロジェクトは未来開拓学術研究事業として実施されている。

（金森順次郎国際高等研究所所長作成）

うに，一つが多数の相手と連結して，全体として人類社会の「頭脳」の働きをすることを最終的には目指すというこの研究プロジェクトの相関図（図表3-1-2）からは，学際的な研究機関ながらも，「人類の未来と幸福のために何を研究すべきか」を研究するという基本理念での統合を目指す高等研という研究機関の試みの一面が垣間みられるであろう。

3.1.4 　高等研の学術情報システム 【31.4】

3.1.4.1 　研究過程の学術情報システム 【31.41】

　そして，そのような高等研における個々のプロジェクトの研究過程と研究成果（出版を含む）を統合するシステムとして構築が進んでいるのが学術情報システム（高等研モデル）である。高等研では，すでに述べたように，さまざまなプロジェクトが進んでいる。それを高等研の研究全体の中でどのように位置付けるか，そして，それらをどう統合するかということが重要になってくる。

　コピーマート研究においては，参照コード，共通コードからなる2種類のコード体系が研究されているが，高等研においても，各プロジェクトの位置付けを考え，それをコピーマートを利用したシステムにのせるためには，研究過程においてこのコード体系を適用することが重要となってくる。そのため高等研のさまざまなプロジェクトには，それぞれを特定するIDの役割を持つ参照コードと，高等研の研究に共通した意味を持つ共通コードが付加されている。5桁からなる参照コードは，高等研のプロジェクトを特定する整理番号であり，5桁のうちの前の2桁は西暦年の最後の2数字，後の3桁は各年度プロジェクトに順次振られた番号からなっている。この5桁の参照コードは，コピーマートのコード体系の原則に従い，【.98001】のようにコードの末尾に付けられる。

　一方で，共通コードは，高等研の学術情報システム特有のものであり，高

等研のプロジェクトを学術体系別に9分類(人文,芸術,教育,法政,経済,理学,工学,医学,農学)したものと,さらに,その学術体系をもう少し絞って分類した9分類(人間,社会,文化,科学,技術,情報,資源,環境,自然)に基づいて振られた各々2桁の数字が2種並ぶ。後者は,9つの学術体系だけでは広すぎて捉えきれないため,それを絞る意味で付加されるコードである。

これをコピーマート研究を課題としている「情報市場における近未来の法モデル」プロジェクトについて具体的にみてみると,共通コードとしては,学術体系として「法政」を表す【13.】が,そして,それを絞った2つ目の共通コードとしては,「社会」を表す【21.】と「情報」を表す【25.】が付けられる。参照コードとしては,同プロジェクトは1998年度に開始されているので,98から開始し,その後に順次振られた番号である4を付けて【.98004】と表記される。参照コードはコピーマートのコード体系では一番右にくるため,同プロジェクトをコードで表記すると【13.21.98004】および【13.25.98004】となる。

このようなコードの世界に高等研のプロジェクトを全部移行していくと,一見つながりが薄かったようにみえる各々のプロジェクトも共通コードにおいて数字面でつながりある情報システムとして構築できることがわかるだろう。

そして,研究過程の学術情報システムは,さらに3つの軸,すなわち研究課題(Subject),研究主体(Actor),研究形態(Form)と細分され,コピーマート・コードが付けられる必要がある。しかし,このより細分されたコード化は学術情報システムの中ではまだ研究中である。

3.1.4.2 研究成果の学術情報システム　　　　　　　　　　　【31.42】

以上,高等研における研究過程の学術情報システムをみてきたが,学術情報システムにおいてもう一つ重要なのが,研究成果の学術情報システムである。

3.1 「情報市場における近未来の法モデル」　　**71**

■図表3-1-3　「学術情報システム」モデル

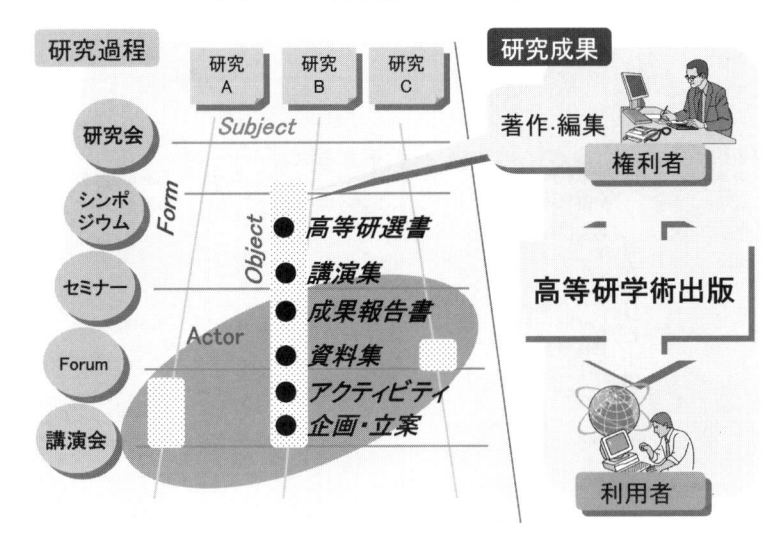

（国際高等研究所学術情報部提供）

　高等研では各プロジェクトの研究過程において，さまざまな研究者による研究会，シンポジウム，セミナー，フォーラム，講演会が開催されているが，それら研究課題（Subject），研究主体（Actor），研究形態（Form）が交点する所で，高等研選書，講演集，成果報告書，資料集等の研究成果（オブジェクト）が生まれている。（**図表3-1-3**）

　そして，そのようにして生まれたオブジェクトを著作・編集という形で，研究成果として出し，利用者に提供するのであるが，その際に利用されるのが，コピーマートを使った学術出版システムである。これは，コピーマートを応用したビジネスモデルともいえる。（**図表3-1-4**）

　高等研の研究成果は電子データ化され，その成果物の権利者によって，著作物コピーのライブラリに登録される。この中には，現段階では，高等研選書や，報告書等がある。しかし，各プロジェクトの報告書については，1つの報告書を数名の研究者が担当して執筆するという形もあるため，それぞれの担当ごとに，A-1，A-2，A-3，という形でのユニットとして，同ライブラ

■図表3-1-4　コピーマートを使った高等研学術出版

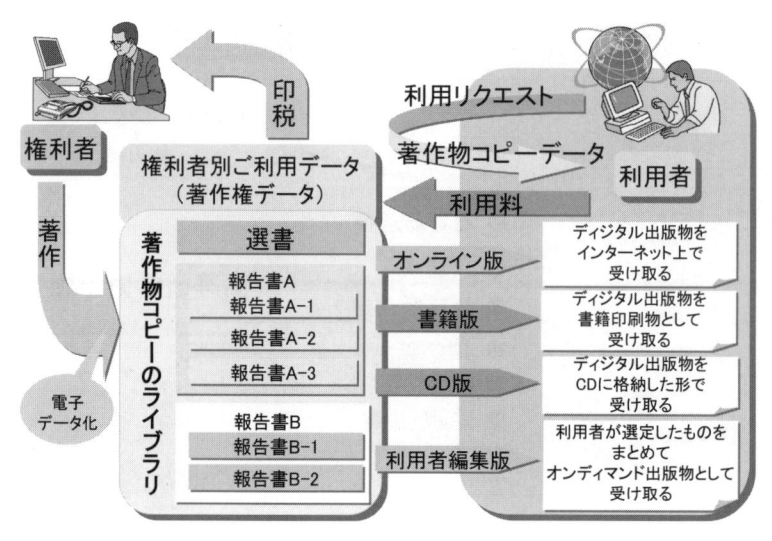

（国際高等研究所学術情報部提供）

リに登録されることになる。

　そして，利用者は，主に高等研ホームページを通して，高等研の学術出版情報（著作権データ）にアクセスし，注文を行うことになる。この注文を受けて，高等研は，そのライブラリから，著作物コピーデータを利用者に提供することになる。なお，利用者に対しての著作物コピーデータの提供形態としては，オンライン版，書籍版，CD版，利用者編集版の4形態がある。

　1つ目のオンライン版というのは，利用者がディジタル出版物をインターネット上で受け取る形態であり，2つ目の書籍版というのは，ディジタル出版物を，紙媒体の書籍出版物として受け取る形態である。3つ目のCD版というのは，ディジタル出版物をCDに収めたものを受け取る形態である。4つ目の利用者編集版というのは，大変ユニークな形態であるが，これはコピーマートの利用者（教員・学生・出版社・企業等々）がコピーマートを利用して作成した編集著作物のことである。つまり，利用者が，独自に欲しいデータを選定して編集著作物を作成し，受け取るというものである。著作権保

有者が登録している著作物の利用条件を満たす限りにおいては，たとえば，複数の異なる報告書等から，必要な論文だけを選定して注文することで，利用者自身が編集した独自教材や出版も可能となる。このように，有体物の制約なく，ディジタル複製が可能な情報，「知識ユニット」が取引単位となる世界がコピーマートを利用した出版においては可能となっている。[6]

　4形態のうちの2つ，オンライン版，書籍版については，すでに高等研のほとんどの研究成果について運用が開始されており，CD版については，一部の研究成果についてのみ，運用が行われている。利用者編集版については，まだ，実験段階であるが，準備が進められている。

　なお，この学術出版システムにおいては，著作物の権利者別に利用データを管理するファイルが用意されているため，利用の注文に応じて，記録が蓄積され，利用料の支払い額に応じて印税が権利者に支払われるようになっている。

　高等研においては，すでに16点の選書とともに，報告書が学術出版システムの下で利用者に提供されており，着実にシステムとしての定着をみつつある[7]。

3.1.5　コピーマートのビジネスモデル　【31.5】

　高等研の学術情報は，テキストデータを主としているので情報論や電子出版でいうところのいわゆるスモールバリュー情報である。これは，もちろん，学問的な価値という意味ではない。また，コピーマートの研究を進めている他の研究機関であるコピーマート名城研究所（名城大学）が扱っている法学教育や学習における法データも，依然としてスモールバリュー情報にあたる。つまり，現在のコピーマート研究は，高等研においても，コピーマート名城研究所においても，スモールバリューのテキストデータを対象にしていることになる。そのためコピーマート・プロジェクトの一環として，ビジネスモ

デルの構築をより推進しやすいということもいえよう。さらに，電子出版ビジネス自体が日本ではまだ未成熟なものであるため，その分野の確立したプロフェッショナルがまだいないということも，コピーマート・プロジェクトにおいてビジネスモデルの研究が推進できる大きな要因がある。[8]

　だが，たとえ著作者である教員がコピーマートにその著作物を登録して教材に利用するような単純型の場合でも，ビジネスモデルとしてはそう単純でないことを認識する必要もある。この点は，オンライン・システムの基盤であるコピーマートの主宰者との関係を考えるとよく理解できる。著作者である教員が自分の著作物を登録し，学生に利用させる限りでは著作権問題はないであろうが，ビジネス面で教員がみずからコピーマート主宰者となることまではあまり考えられないだろう。[9]

　だが，対象がスモールバリューであるとはいえ，また，ビジネスモデルが単純ではないとはいえ，そこには従来にない新規参入があり得ることは確かであろう。その新規参入者として考えられるのが，大学や研究機関のコピーマート経営である。まだ，時期的には尚早の感もあるが，高等研やこの後に述べるコピーマート名城研究所の実証実験にみられるように，大学や研究機関がコピーマートの主宰者となる可能性は今後も広がると思われる。[10]

コピーマートの片隅 ③　「あるインターネット出版」

　京都の南端に関西文化学術研究都市が位置している。その中核施設の一つが財団法人国際高等研究所である（略して高等研と称している）。高等研は人類の未来と幸福のための研究を理念と，学際性・開放性を持った研究機能，先進性・創造性を備えた基礎研究，柔軟性・流動性を備えた研究事業および産学協同の推進という４つの基本構想を実現すべく設立された。

　今年がその創立15周年記念にあたる。いろいろ記念事業が企画されているがその一つに学術選書の出版がある。この記念出版には種々の特色があると思われる。

　第一に指摘できるのはそれがインターネット出版であることである。研究成果をディジタル化して高等研のサーバーに入力する。外部からのアクセスがあればオンラインで学術成果を提供する。これが高等研のインターネット出版のうちのオンライン出版であり，さらにオンディマンド出版も行う。これは，PDF版の印刷物を出版するものである。これは見たところ従来の出版形態と似ているが「オンディマンド」であるので必要な部数のみを高等研のサーバーからPDF版で印刷製本するので，在庫問題が原則として発生しない。ある課題研究の成果物中の個別論文でも単独で希望部数をPDF版で提供することができる。同一のものの出版でも希望に応じて随時出版できる。在庫問題がないこととともにさらに指摘できる特色は，オンディマンド出版形態においては原稿入力から出版まで時間を要しないので，一日を争う研究成果の公表に適した出版形態であることである。

　第二の特色は高等研が出版者となることである。高等研には研究者として，所長，3人の副所長それにポスドククラスの特別研究者が数名所属している。研究活動に関係する研究者は外部から参加する。外部の専門家と所長・副所長から構成される企画委員会の審議を参考にして，研究課題と研究予算は高等研内の所長会議で決められる。最近は，内外の著名な学者を高等研フェローとして2ヶ月間程度招聘して自由に研究する場を提供している。外部研究者が随時滞在する「学者村」構想がようやく形を見せてきている。

　ところで高等研の研究成果はこれまで研究リーダーを編者として外部の出版社から出ることが多かった。その形態では高等研の研究成果が種々の出版社から大学等の研究リーダーが編者となって出版されることになる。そのために高等研の研究活

動とその成果が分散して，一般にはわかりにくい。まして高等研の研究姿勢を理解し評価することが極めて困難になる。たしかに高等研自らが編者となって特定の出版社から出版することも考えられる。しかし，学術書の出版事情はこれを許さないであろうし，歴史が浅いもののすでに相当数の研究成果が蓄積され，かつ年々増加する一方であるので多額の出版経費が必要となり財政的に困難である。

　そうした点から高等研の研究活動を外部に公表し外部から評価を仰ぐために高等研のホームページと連動したインターネット出版を準備している。この計画は高等研において著作権取引市場モデルである『コピーマート』研究を推進するなかで固まったもので，高等研から申請した『情報社会における近未来の法モデル』研究が学術振興会の未来開拓学術研究推進事業に採択された。昨年から5年間の予定で有力企業の協力を得て法学・情報工学・インターネット出版ビジネスの学際研究を実施している。

＊＊＊

　高等研のインターネット出版については数多くの検討課題が残されている。研究面では説明が簡単でもビジネス面では克服の容易でない難問があったり，共通の言葉を話していても法と情報工学との間では共通点がないことを発見したりする毎日である。研究のビジネス化の難しさ，異なる分野のみならず同じ法分野内の言語の壁等々に悩む毎日でありそれは研究三昧の境地にはほど遠い毎日である。それでも高等研以外でもコピーマート構築の場が増えてきた。かように情報社会の最先端ビジネスであるインターネット出版の実現に研究面から協力できるのは大変貴重な体験である。

（北川善太郎,「コピライト」459号，1999年）

3.2 「オンライン日本法 (JALO)」【32.】

　コピーマート研究のもう一つのプロジェクトが,名城大学コピーマート名城研究所の「オンライン日本法」プロジェクトである[11]。オンライン日本法とは,コピーマートを法学教育に応用した教育システムである。これは,前章までに述べた,著作権マーケットと著作物マーケットならびにコピーマート契約によって成り立つコピーマートの基本的な仕組みを核としながら,教育利用に有意なさまざまな機能を付加し,それらを有機的に統合した,いわば教育コピーマートの一つのモデルである。

　以下では,まずオンライン日本法の背景にある,現在の教育をめぐる問題状況を概観し,その中でオンライン日本法がどのような意義を持つのかを検討する。次に,オンライン日本法の仕組みと内容について説明した上で,それが実際の教育現場でどのように活用できるのかを考察する。そして最後に,オンライン日本法が教育コピーマートとして法学以外の教育や多様な教育現場でも広く活用できる可能性について検討しよう。

3.2.1　教育をめぐる諸問題とオンライン日本法　【32.1】

　オンライン日本法プロジェクトの背景には,現在の法学教育を取り巻く3つの問題がある。第1に大学における法学教育のあり方,第2に法学教育における情報技術(IT)活用の問題,そして第3に教育目的での著作物利用の

問題である。これらの問題は，法学教育に限らず，大学教育全般に広く当てはまるところも多い。さらに教育とITおよび教育と著作権の問題は，高等教育だけにとどまらず，初等教育から生涯学習まで教育全体に関わる問題でもある。

3.2.1.1　大学教育の空洞化　　　　　　　　　　　　　　　　　【32.11】

　戦前の大学は，ごく少数のエリート学生を対象とした高度な専門教育機関であったが，戦後の教育改革によってその姿は変容した。より広く門戸を開き，より幅広い学生に専門教育を施すべきであるとされたのであった。それによって大学の進学率は高まり，とりわけ高度経済成長期以降，大学の学生数は増加の一途をたどる[12]。他方，多様な学生を迎えることで，大学は大衆化が進み，高度専門教育機関としての姿は変革を余儀なくされることになった。その分野の高度な専門知識を身につけたい者，一通りの知識が得られればよい者，あるいは専門分野にあまり関心がない者など，学習意欲にも理解度にもばらつきのある学生たちが，大学でともに机を並べ同じ講義を受ける。こうした環境の中で，無難かつ画一的な講義はどの層の学生の琴線も捉え得ず，次第に大学生活は人生のモラトリアムであるといわれるまでに至った[13]。

　このような大学をめぐる教育環境の変遷は法学教育についても当てはまる。戦前の法学部は，ごく少数のエリート学生を対象に法曹養成の教育を行えば事足りていたが，戦後の大衆化した大学では，法学部学生の学習目的は多様化し，法曹志望者は一握りの学生のみとなった。しかし法学部のカリキュラムはこのような状況に対応できず，旧来どおりの法曹養成型の法学教育が行われたため，一方では，講義を理解できない，あるいは関心のない多くの学生を生み出し，他方では，少数派となった法曹志望の学生は大学での講義よりも司法試験予備校に頼るというダブルスクール現象が起こった。近時の法科大学院構想は，大学における法曹養成教育を復活させる試みであるが，その一方で，学部教育の空洞化はいっそう深刻化するかもしれない[14]。

　このように現在の大学法学部は，多様な学習目的を持った，また初学者か

ら法曹志望者までさまざまな習熟段階にある学生を対象に教育を行わねばならないが，これまでの大学の法学教育では，学習者のレベルに応じて教育すべき内容を定量化し，配当時間に即してそれらを段階付けるというカリキュラム上の試みはほとんど行われてこなかった。

このような問題意識の下に，北川が提唱したのが，段階的法学習という教育モデルであり，それをコピーマートを活用して実現するのが，オンライン日本法である。

3.2.1.2 教育におけるIT活用 【32.12】

ITの飛躍的な普及という社会現象は，教育の分野にも大きな影響を与えている。教育におけるIT利用は，「教育の情報化」として，1990年代後半から国の重要施策とされ[15]，e-Japan2002プログラムにも具体的な施策が盛り込まれている[16]。

ITを活用した教育形態は，一般にE-ラーニングと呼ばれるが，一口にE-ラーニングといっても，IT導入の程度には幅がある。従来どおり教室に受講者を集めて講義するというスタイルを維持しながら，それを効率化または補完する手段としてITを利用する場合（教材の視覚化，ネットワークによる教材の配信，チャットや電子メールによる教室外での議論など）もあれば，米国にみられるように現実のキャンパスを持たず，完全にオンライン化されたロー・スクールもある[17]。

また，インターネットの普及により，さまざまな資料が簡易，迅速に入手できるようになったことも，教育や研究に大きな影響を与えている。法学についてみると，国内外のさまざまな法律関連資料がインターネットで入手できるようになっている。論文や判例評釈はいまだ紙媒体での法律雑誌や紀要によるところが大きいが，判例については最高裁がホームページで判例を公開し[18]，法令については総務省の法令データベースをはじめ，大学や個人が公開するデータベースもある[19]。これにより教員や学生は，書庫で資料収集のために膨大な資料群と格闘する煩わしさから解放されると同時に，判例集

の公刊や次年度の六法発売を待たずに，最新の法令，判例情報を入手することができるようになった。

オンライン日本法は，このような情報検索および収集の利便性，コミュニケーション方法の多様化といったITの特性を活かしながら，教員と学生との相互作用に基づく双方向的な教育・学習スタイルを確立する教育システムであり，E-ラーニングの一つのモデルと位置付けることもできる。

3.2.1.3　教育における著作権問題　　　　　　　　　　　　　　　【32.13】

複写技術の向上，教育・学習でのIT活用の進展といった教育環境の変化は，利用者に便宜をもたらすと同時に，著作権法との関連においても大きな影響をもたらしている。

著作物の教育目的利用について，わが国の著作権法はいくつかの権利制限規定を設け，教員や学生が権利者の許諾を得ずに著作物を利用できる場合を定めている。まず35条は，教育機関の教員が授業に利用する目的で著作物を複製することを認めている。また31条は，調査研究目的である場合に図書館が所蔵する著作物の複製を認めている。これらの規定により，教員が図書等の一部をコピーして，教材として学生に配布したり，また学生が図書館の所蔵資料をコピーして学習に利用したりすることが，権利者の許諾を得ることなく行うことができたわけである。

しかし，これら現行法の規定では，IT化された教育現場で期待される著作物の利用形態が十分にカヴァーされているわけではない。たとえば，遠隔授業で衛星通信やインターネットを使って教材を送信する際の公衆送信権，学生が教材をダウンロードできるようサーバに保存する際の送信可能化権，また学生がインターネット等で収集した情報を複製し教室で配布するといった行為はすべて現行の権利制限の対象外であり，権利者の許諾が必要になる。そこで教育現場からはそれらの行為についても権利者の許諾を得ずにできるよう著作権法の権利制限規定を見直すべきとの要望があり，現在，論議が行われている[20]。

著作物の権利保護と利用促進という利害が正面から対立する問題であるが，ここで利用促進の障壁となっているのは，権利者の許諾である。現場の教員が教材の権利者に個別に許諾を得ることは非現実的であり，そのための仕組みも整備されていない。それゆえ「権利があるから使えない」となるわけだが，逆に「許諾があれば使える」と発想を転換し，簡易に権利者の許諾を得られる仕組みであるコピーマートを利用すれば，かかる障壁は克服可能である。コピーマートを応用したオンライン日本法は，教育における著作権問題の解決に大きな寄与をもたらしうるシステムである。

3.2.2 教育システムとしてのオンライン日本法　【32.2】

　オンライン日本法を他のコピーマートと比べた場合，最大の特徴となるのは，教育システムという点である。つまり権利処理された法律情報が登録されたデータベースであるだけでなく，一つの教育モデルを実現するためにさまざまな機能が付加され，それらが統合的に機能するコピーマートなのである。

　オンライン日本法の基盤となる教育モデルは，段階的法学習という教育・学習方法である。これは，学習者のレベルに対応して学習すべき法知識を定め，講義の配当時間に即して定量化し，その教育体系を構築するというものである。具体的にいえば，学習者の理解度に合わせて適切なカリキュラムや教材を提供する教育・学習方法だが，その実現には，まずそれぞれの学習者の理解度を知ることと，次にカリキュラムや教材の段階化が必要となる。この2つの課題を解決するための入口となるのが，学習テストである。その詳細は後で述べるが，学習テストのデータの蓄積とその評価を繰り返すことで，学習者のレベルごとに学習すべき法知識を定める上での重要なヒントが得られ，学習段階に応じた教材やカリキュラムを作成することができ，また各受験者の解答結果を過去のデータと照らし合わせることで，その受験者の学習

レベルが明らかになり，その後の教育・学習の指針を得ることができる。各学習レベルに対応した教材は，オンライン日本法に登録された法令，判例，論文，教科書等の法情報コンテンツから入手することができ，学習後には再び学習テストを受験し，その結果に合わせて，次段階の新たな教材を入手して，学習を進めることができる。そして教員は，テストのデータからみずからの講義の教育効果を知ることができ，カリキュラムや教材を修正したり，新規に作成することで，オンライン日本法の登録コンテンツが質量ともに漸次的に発展することとなる。

　このような段階的法学習という教育モデルを実践するためには，コピーマーケットと著作権マーケットという2つのデータベースから成るコピーマートの基本的な仕組みに加えて，さまざまな仕組みが機能しなければならない。まず教材となる登録コンテンツは，学習段階に合わせて整理，体系化され，かつテスト結果に応じた教育・学習ができるよう学習テストと登録コンテンツとが有機的な関連性を持ち，教育および学習カリキュラムの中に位置付けられねばならない。次に登録された法情報のアウトプットは，教育・学習形態が多様であることを考慮し，オンラインでの配信から印刷物の提供まで多様なニーズに対応できることも求められる。またオンライン日本法に登録された法情報は，教材として信頼できる質が保証されることはいうまでもないし[21]，法学教育・学習に不可欠の法令，判例，論文，判例評釈，体系書など膨大な情報群から当面必要となる教材を的確に入手するための検索の利便性も十分に整備されねばならない。

　著作権処理のためのコピーマートの基本的な仕組みを核として，教育実践に必要な多様な機能を盛り込み，それらを統合した，いわば教育コピーマートの一つのモデルが，オンライン日本法なのである[22]。

3.2.2.1　オンライン日本法のコンテンツ　　　　　　　　　【32.21】

　オンライン日本法には，できるだけ多くの質の高い法律情報コンテンツが登録され，多様な教育・学習ニーズに応えることができるようになるのが望

ましい。しかし，あらゆる法分野の情報を取り扱うのは大きな負担を伴う上，既存の著作物をディジタル化して扱おうにも実際上権利処理が難しいため，われわれのプロジェクトでは，最も基幹的な法律である民法の教育・学習に対象を絞ってオンライン日本法を運用すべく，日本法トピックス，オンライン民法講要，ダイジェスト，学習テストという4つのコンテンツを新たに作成し，コピーマートで提供している。

(1) 日本法トピックス

日本法トピックスは，日本法に関する情報のデータベースである。立法，判例，審議会の答申や報告書，その他日本法に関連する種々の情報を対象として，事実を簡潔に要約したトピックを登録している。トピックは毎月更新しており，これまでに2,000件以上のトピックが登録されている。最新3カ月分については，本研究所のホームページにて無償で公開している。

トピックスは，主にインターネット上で公開されている情報をもとに作成しており，各トピックには，情報のソースや関連資料のURLを記載している[23]。また関連するトピック間にはリンクを張っており，特定の法律問題に

■図表3-2-1 日本法トピックス

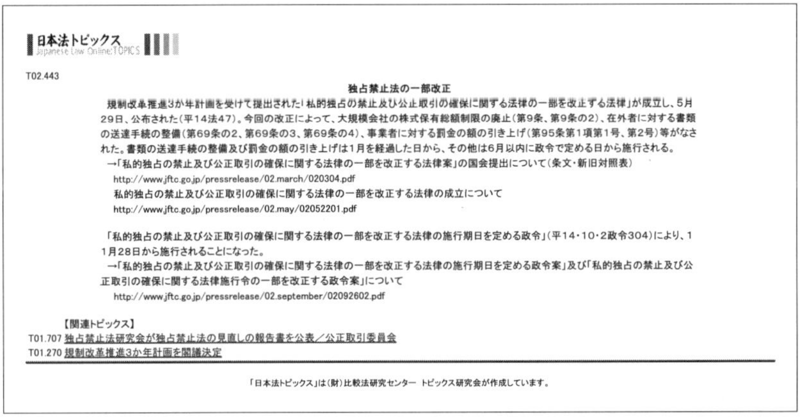
日本法トピックス
Japanese Law Online:TOPICS

T02.443

独占禁止法の一部改正

規制改革推進3か年計画を受けて提出された「私的独占の禁止及び公正取引の確保に関する法律の一部を改正する法律」が成立し、5月29日、公布された（平14法47）。今回の改正によって、大規模会社の株式保有総額制限の廃止（第9条、第9条の2）、在外者に対する書類の送達手続の整備（第69条の2、第69条の3、第69条の4）、事業者に対する罰金の額の引き上げ（第95条第1項第1号、第2号）等がなされた。書類の送達手続の整備及び罰金の額の引き上げは1月を経過した日から、その他は6月以内に政令で定める日から施行される。

→「私的独占の禁止及び公正取引の確保に関する法律の一部を改正する法律案」の国会提出について（条文・新旧対照表）
http://www.jftc.go.jp/pressrelease/02.march/020304.pdf
私的独占の禁止及び公正取引の確保に関する法律の一部を改正する法律の成立について
http://www.jftc.go.jp/pressrelease/02.may/02052201.pdf

「私的独占の禁止及び公正取引の確保に関する法律の一部を改正する法律の施行期日を定める政令」（平14・10・2政令304）により、11月28日から施行されることになった。

→「私的独占の禁止及び公正取引の確保に関する法律の一部を改正する法律の施行期日を定める政令案」及び「私的独占の禁止及び公正取引の確保に関する法律施行令の一部を改正する政令案」について
http://www.jftc.go.jp/pressrelease/02.september/02092602.pdf

【関連トピックス】
T01.707 独占禁止法研究会が独占禁止法の見直しの報告書を公表／公正取引委員会
T01.270 規制改革推進3か年計画を閣議決定

「日本法トピックス」は（財）比較法研究センター トピックス研究会が作成しています。

（出所：コピーマート名城研究所ホームページ）

ついての推移がわかるような工夫を行っている。たとえば消費者契約法に関連するトピックを例にとると，消費者契約法の可決成立を記したトピックがあり，そこには成立前と施行後の関連トピックへのリンクがあり，立法過程を時系列を追って把握することができるようになっている。

将来的には，特定の法律問題が社会問題として顕在化してから，学界・実務・所管官庁・審議会での検討や議論，法案，国会での審議，法律成立後の運用や学説，判例に至るまでの情報を相互にリンクし，当該問題をめぐる議論の推移が網羅できるようなデータベースを構築することを目標としている。このようなデータベースが実現すれば，情報・資料収集の煩が解消され，研究・学習における利用価値はきわめて大きいと思われる。

(2) ダイジェスト

ダイジェストは，特定の法律問題についてテーマを限定し，関連する法令・判例・学説・法実務などを分析した小論であり，教材，論文，レポート，実務のための資料として活用できるものである。

現在はとくに，民法の講義で教材として利用することを念頭に置いたダイジェストである「問題学習」を作成している[24]。

(3) 学習テスト

学習テストは，学習者の理解度ないし習熟度を図るテストである。本プロジェクトでは，学生に対して民法の学習テストを繰り返し実施してきたが，初学者に共通した学習上のハードルや問題点が浮き彫りになった。多面的に学生の理解度を分析し，学生の理解できている事項，理解の不十分な事項を明らかにすることは，段階的学習の中で知識を積み重ね，次に何を学ぶべきか，学ばせるべきかを判断する上で大きな材料となる。このような学習テストのデータの蓄積とその評価を繰り返すことで，学習者のレベルごとに学習すべき法知識を定める上での重要なヒントが得られ，学習段階に応じた教材やカリキュラムを作成することができ，また各受験者の解答結果を過去のデータと照らし合わせることで，その受験者の学習レベルが明らかになり，以後の教育・学習の指針を与えることができる。その意味で，学習テストは，

コピーマートの片隅 ④　「二問目の壁」——学習テストから

　学習テストの実施結果から，段階的法学習を実現する上で興味深い知見がいくつか得られたので，その一例を紹介しよう。

　その最たる例が，北川の指摘する「二問目の壁」である。1～2行程度で簡潔に記載された事例を出題し，関連する民法条文を2個解答させる，という形式のテストにおいて，一つの解答は正解率が高いが，もう一つの解答の正解率が低くなるという現象である。たとえば，「XがYから自動車を購入する。」という問題は，売買契約（555条）と動産物権変動（178条）を正解としているが，555条の正解率が9割近くあるのに対して，178条の解答率が2～4割程度と極端に低くなっている。この問題は，複数の大学で実施したが，いずれの大学でも同じ現象がみられた。

　その原因についてはさまざまなことが考えられる。その一つは，民法の体系的理解の欠如である。法学部での民法講義は，総則，債権，物権，親族相続といったように民法典の編別に区分して実施することが多い。民法の全科目を履修しない学生もあるし，全科目を履修したとしても，各講義で得た知見を有機的に結びつけて，体系整理することができていないため，債権法上の論点となる売買と，物権法上の論点となる物権変動との関係が理解できないのではないか，ということが推察される。また，多角的に法律問題を捉える能力の欠如が原因であると考えることもできるかもしれない。すなわち，一つの設例を一つの典型的な法律問題に類型化する能力には長けているが，同じ設例から別の論点を抽出する能力が不足しているため，二個目の正解率が悪くなるということである。これに類する現象は，小学生を対象とした国際数学理科調査結果にもあらわれており，それによると日本の児童は，一つの事象を同じ観点で捉える傾向が強く，多面的，総合的な捉え方，考え方が弱い，と指摘されており（風間晴子「いま再び，"知の営み"を求めて——リベラルアーツ教育におけるひとつの試み」科学70巻11号986頁）あるいは法学の分野を越えてすべての教育分野にみられる根深い問題が原因にあるのかもしれない。

（水野五郎）

段階的法学習，そしてそれを具現するオンライン日本法を構築する上で欠くことのできない重要な要素といえよう[25]。

(4) オンライン民法講要

『民法講要』[26]は，北川が執筆した民法の体系書であり，書籍版（1993-2002年）とCD-ROM版（1997年）の2種が出版されているが，これをオンライン上で利用できるようにするのが，オンライン民法講要である。

『民法講要』では，ほぼ一般的・伝統的な編成で民法の体系について論述されている一方，北川が考案したコードにより記述内容が緻密に整理されている[27]。このコード体系を用いて，本文中の関連記述は相互に参照することができ，またCD-ROM版とオンライン版では本文だけでなく，関連法令や判例の参照もハイパーリンクにより実現している。

3.2.2.2　コピーマート出版　　　　　　　　　　　　　　　【32.22】

次に，こうしたコンテンツのアウトプット形態についてみてみよう。オンライン日本法に登録された教材コンテンツは，コピーマート契約に基づき，権利者の提示した利用許諾条件に利用者が応じれば，その複製が提供されることとなる。オンライン日本法では，その入手方法を4種の形式から選択できる。第1に，コンテンツを紙に印刷した「書籍版」，第2に，コンテンツのディジタル・ファイルをCDに記録した「CD版」[28]，第3に，コンテンツのディジタル・ファイルをオンラインで送信する「オンライン版」[29]，そして第4に，利用者が任意で複数の登録コンテンツを編集して一冊の書籍または一つのディジタル・ファイルとしてまとめて受け取る「利用者編集版」の4種である。利用者編集版の特徴は，利用者がまさに必要な部分のみをピックアップし，さらにそれを自分の便宜に合うように編集できる部分にある。

これら4つの方式による登録コンテンツのアウトプットを「コピーマート出版」と呼んでいる。現在，コピーマート出版の実証実験として，本章で先に述べた国際高等研究所学術出版と，名城大学開学75周年記念学術出版『知の結集』[30]がすでに運用中である。

3.2.3 オンラインド日本法による教育実践 【32.3】

次に，実際の法学教育・学習の現場において，オンライン日本法がどのように機能するのかを考えてみよう。ここでは大学での教育を念頭に，大講義および演習等の小集団教育での利用のモデルを例示し，次に，オンライン日本法の核となるコピーマート契約の側面から運用モデルについて検討しよう。

3.2.3.1 大学教育におけるオンライン日本法の活用 【32.31】

法学部の大講義には，受講者数がきわめて多い場合が少なくない。大規模な私立大学では，1講義あたりの受講者が500名を超えるといった例も決して珍しくはない。これだけ多数の学生がいれば，講義内容の理解度にはおのずと差が出てくる。教員は過去の教育経験から適切と考えるレベルで講義を行うだろうが，教壇から話をするだけの一方向的な講義では学生が理解しているのかどうか不明で，その結論は学期末の試験結果まで判別できない。しかし多数の受講生を相手にせねばならない大講義では双方向的な講義は難しく，また講義期間の途中で行う小テスト等には，作問から用紙印刷，採点・評価まで多大な負担があり，教員を圧迫することになる。

これらの問題は，オンライン日本法により解決されることとなる。まず学習テストを実施することにより，受講者の習熟度ないし理解度を教員が知ることができる。テスト問題はコピーマートにより入手することができ[31]，テスト実施により，教員は受講者のレベルに合わせたカリキュラムへの修正を図ることができる。カリキュラムや教材の再編に際しては，学習テストの過去のデータや評価を入手し参照することができる。教材は登録済みのコンテンツをそのまま利用することもできるし，教員が登録コンテンツを組み替えて利用者編集版として活用することもできる。登録コンテンツはその利用許諾条件に従う限り，著作権侵害となるおそれはない。教材の複製はコピーマート出版により行われるので，印刷やコピーの事務負担から解放される。

このように学習テスト実施にはじまり，受講者のレベルの確認，カリキュラムの修正，講義，そして再度学習テスト実施と続くサイクルの中で，教員は，コピーマートに登録された既存のコンテンツを利用するだけでなく，それらを編集し，ときには新規のコンテンツを創作，登録することで，データベースは漸次的に充実していくことが期待される。

さらに，テスト結果を類型化し，各類型ごとに今後必要となる教材や講義すべきポイントなどを示す具体的な指針があれば，いっそう有意義であろう。各受験者のテスト結果に応じて，次に必要となる教材を，迅速かつ手軽に提示することができれば，多数の学生が受講する大講義の中でも，教員に過度の負担をかけることなく，個別指導を行うことが可能となる。大講義の中での個別指導というのは，従来の大学教育では二律背反と考えられてきたが，オンライン日本法を用いた教育では十分に実現可能性を持っている。もちろんそのためには，登録コンテンツの充実，そして学習テストの結果とそれに応じて次に受験者に提示するコンテンツとの関連付けの作業が大きな課題となる。

一方，演習等の小集団教育は，大講義のような教員から学生への一方向的な教育ではなく，教員と学生の対話による双方向的な教育が行われ，とくに学生の自主的な研究，報告に重点が置かれるのが通常であろう。オンライン日本法は，教員だけでなく学生も利用者として想定しているので，学生が研究を行う上での資料を入手することができる。各コンテンツは，コピーマート・コードにより体系整理されることが予定されているため，関連コンテンツも容易に参照することができる。また学生による著作物の複製と配布は，著作権法35条の教育目的利用の対象外だが，コピーマートによりコンテンツを入手すれば利用許諾を得ているので著作権侵害となることはない。

3.2.3.2　オンライン日本法モデルの運用[32)]　　　　　　　　　　【32.32】

コピーマートは，主宰者，権利者，利用者という3者のプレイヤーの契約により成立するモデルである。オンライン日本法におけるコピーマート主宰

者は，現在はコピーマート名城研究所である。しかし一般的なモデルとして考えた場合，大学等の研究・教育機関が研究教育活動の一環として，あるいは行政等が生涯学習や消費者教育等の目的で主宰することはもちろん，出版社や教育事業を行う企業が営利目的で主宰することも考えられよう。

権利者として主に想定されるのは，法律情報コンテンツの著作権者という性質から，法学研究者，実務家などであるが，学生が制作したコンテンツを登録したり，あるいは企業研修用に制作された法人著作物が登録されたりすることも考えられ，学生や法人などが権利者として登場することもありうる[33]。

他方，利用者は，学習者から，研究者，教員，実務家，さらに企業や大学といった法人まで幅広く想定される。すなわち学習者自身が直接にコピーマートから教材等を入手する場合は，学習者がコピーマート契約上の利用者に当たるが，教員がコピーマートから利用許諾を得て学生に教材を配布する場合は，コピーマート契約上の利用者は教員となる。同様に，大学や企業が利用許諾を受けて，学生や職員にコンテンツを配布する場合は，大学や企業といった法人がコピーマート契約上の利用者に該当する。さらに，登録されたコンテンツから，判例集，教科書，論文集，資料集等の出版物を編集，刊行するといった場合に，出版者がコピーマート契約上の利用者となるといったことも考えられる。

このように，オンライン日本法では，そこに参加する研究者，教員，実務家，学習者，大学や研究機関，行政，企業等が，利用の場面に応じて，主宰者，権利者，利用者と立場を変えて登場することになる。これは，従来のように，一方向的な情報発信に基づく教育ではなく，オンライン日本法を通じて多方向的な知の交流が行われることを意味するといえよう。

3.2.4　オンライン日本法の課題と可能性　　　【32.4】

3.2.4.1　コースウェアとしての充実　　　【32.41】

　先述のとおり，オンライン日本法は，著作権マーケットと著作物マーケットおよびコピーマート契約から成るコピーマートの基本的な仕組みを核として，教育実践に必要なさまざまな仕組みを有機的に統合した教育システムである。これらのシステム全体がコースウェアとして完成し，かつオンライン化されるのが望ましいことはいうまでもないが，実証実験段階の現在のオンライン日本法は，人手によって行っている仕組みやオフラインで行っている部分も多く，この点で将来的な課題が残る。

　しかしオンライン日本法は元来，コピーマートという著作権取引市場モデルを出発点としている点で，当初からコースウェアとして開発された仕組みとは出自が異なる。いくら充実した機能を持ったコースウェアでも，そこで利用されるコンテンツの著作権処理が曖昧あるいは不十分であれば，教員や学習者が安心して利用できるものとはいい難い。

　コピーマートの仕組みはそのすべてがソフト化され，オンライン化される必要はなく，一部が人手によって行われたり，オフラインで行われても問題はない。その意味で教育コピーマートとしてのオンライン日本法の基本的な仕組みはすでに完成していると考えられ，それがオンライン・コースウェアとして充実するための障壁は，理論的，技術的な問題というよりも，開発のコストや期間の問題にすぎない。またオンライン日本法がコースウェアとしての機能の充実を目指すのと対照的に，既存のコースウェアが，コンテンツの権利処理機能の充実，場合によってはコピーマートの仕組みを導入することも検討に値すると考えられる。

3.2.4.2　登録コンテンツの充実と関連付け　　　【32.42】

　登録コンテンツの充実は，オンライン日本法の最重要課題である。現在の

4種のコンテンツ,すなわち日本法トピックス,ダイジェスト,学習テスト,民法講要を充実・発展させることはもちろん,さらに法令,判例,判例評論,論説,外国文献の翻訳等,多様なコンテンツを用意し,さらに対象分野も民法から広く法律(法学)全般に拡大させねばならない。

　もちろん本研究所や本研究プロジェクトの共同研究者数名が新規に作成するだけではおのずと限界があるため,コンテンツを登録してくれる権利者のネットワークを拡大せねばならない。同時に,既存の優れたコンテンツの権利処理を行い,登録してもらう努力も必要となろう。既存のコンテンツの権利処理には,著作者だけでなく,出版者等との関係も適切に処理せねばならず,決して容易ではないだろう。

　登録コンテンツの種類と数の充実と同等,あるいはそれ以上に重要な課題は,コンテンツ間の関連付けである。オンライン日本法は,コピーマートの仕組みを利用して段階的法学習という教育モデルを実現する教育システムを一義的な目的としており,コピーマートの各コンテンツは教育モデルの中に位置付け,それぞれの関連付けを行わねばならない。

　コンテンツの位置付けおよび関連付けの基準はさまざまなものが考えられる。初学者レベルから法曹養成レベルまでの各学習段階へのコンテンツの分類,各段階に振り分けられたコンテンツ間の学習手順に従った関連付け,テスト結果と次に教材とすべきコンテンツとの関連付け,法分野やコンテンツの内容面での分類や関連付けなどが例示できよう。これらの作業は機械的にできるものではなく,専門家の判断によらねばならないが,その人の思想や理念が強く反映されるものであるため,コンテンツの権利者がまちまちに行っていてはシステム全体の統一性が失われることとなり,その意味でこれは主宰者の役割となるだろう。コピーマート・システム上は,コピーマート・コードがこのようなコンテンツの位置付けや関連付けの機能を担うことになる。

3.2.4.3　研究・実務におけるオンライン日本法の活用　　【32.43】

　オンライン日本法は，法学教育を一義的な目的としているが，その用途はこれに限られるものではなく，研究や実務にも資するものといえよう。前項で述べたようにオンライン日本法に登録される法律情報が充実すれば，研究者が研究目的で，また実務家が実務を行う上で有用なコンテンツも多数あるだろう。最近では，インターネット上で法令や判例が公開され，また法律雑誌のCD化，DVD化も進んでいる。しかしそれらは検索方法も入手方法もまちまちであり，多様な法律情報が統合的に取り扱われるデータベースはいまだ存在しない。オンライン日本法が研究，実務目的で優位性を発揮するのは，このように多様な法律情報が体系，整理され，同じ方法で検索，入手できるという点であろう。

3.2.5　教育コピーマートの可能性と展望　　【32.5】

　冒頭にも述べたように，オンライン日本法は教育コピーマートとして，法学教育だけでなく，教育全般に広く活用できるものである。そこで最後に，オンライン日本法の教育コピーマートとしての可能性と展望，そして課題について述べよう。

　現在，オンライン日本法は，大学の法学教育での活用を前提に研究，開発を進めているが，そこで培われたコピーマートの教育への応用というモデルは，2つの意味で汎用性を持つ。第1は法学以外の学問分野にも適用できるという点，第2は大学に限らず幅広い教育現場で活用できるという点である。

　法学に限らず，およそどのような学問分野であっても，初学者レベルから段階を踏まえて専門的な教育・学習に進むことについては変わりないであろう。したがって，テストによる理解度の確認と，その理解度に応じた教育という段階的学習のモデルは，人文，社会科学から自然科学まで広く応用できるものと考えられ，また段階的学習モデルを具現したオンライン日本法も，

登録コンテンツを各学問分野に合った教材に変えることによって他の学問分野にまで敷衍していくことが可能である。

　次に，オンライン日本法は，大学教育の枠内にとどまらず，さまざまな教育現場で応用できるものである。近年は小中高校でも，教育の情報化政策の一環として，コンピュータ端末やネットワークの整備が進んでいる。初等，中等教育の場合，オンライン日本法の基盤となる段階的法学習が目指す，学習内容の定量化と段階付けはすでに行われているため，教育コピーマートを実現できる素地は十分にあるといえよう。また教育の情報化が進んだ学校では，学習者自身がネットワーク上から情報を収集し，課題を解決する「調べ学習」や，遠隔地の学校との遠隔交流授業などさまざまな試みが行われているが[34]，これらの新たな教育方法については，先に（3.2.1.3）述べたとおり，現行の著作権法に規定された権利制限の対象外の行為が生じることもあり，著作物を利用するには権利者の許諾が必要となる。コンテンツの入手と同時に利用許諾を得られる教育コピーマートは，このような点からも，初等中等教育にとって大きな意味を持つものといえよう。

　さらに教育・学習のニーズは，学校という枠組みを越えて，生涯学習や企業研修，さらには実務家のスキル・アップなど多様な形で存在する。企業研修は，従来型の集合研修や社外セミナーと並行して，E-ラーニングを導入する気運が高まっているといわれる[35]。一方，生涯学習については，文部科学省の教育情報衛星通信ネットワークを利用したエル・ネット・オープンカレッジをはじめとしてITを活用した学習機会の提供のための諸政策が行われている。生涯学習や企業研修の場合，著作権法35条による権利制限は適用されない，という考え方が一般的であり，そこでの著作物利用の問題は，小中高校や大学といった教育機関の場合よりも深刻な問題を孕んでいる。その意味では教材入手時に利用許諾が得られる教育コピーマートは，いっそう重要な意義を持つものであろう。

[註]

1) 学術情報システムの高等研モデルについては，2002年3月7日の学術シンポジウム『穏やかでない著作権社会の近未来』（NTTデータ豊洲センタービル）において発表がなされた。詳細は〈http://www.iias.or.jp/event/simpo020307.html〉に公表されている。

2) 人類の未来と幸福にとって不可欠な課題を発掘し，その問題解決に向かっての研究戦略を展開する中で，学術研究における新しい研究の萌芽，あるいは新たな学問の立ち上げ，さらには世界文化の発展に寄与することを目的とするものである。（IIAS NEWSLETTER, No.28, June, 2002）

3) 高等研の事業は，主として，全国の主要企業および篤志家からの寄付による基本財産の運用益および運用財産，企業または個人からの冠基金，国または地方自治体などからの補助金，受託研究費，企業・団体からの研究助成金等によって運営されている。

4) 〈http://www.iias.or.jp〉

5) 課題研究Aとは，中・長期を展望した研究テーマについて，概ね3年程度の研究期間を設けて計画的に推進する課題探索型の基礎研究である。

6) 北川善太郎「コピーマートの応用としての出版」『平成12年度調査報告書IT（情報技術）と出版の近未来像』10頁（㈳日本書籍出版協会，2001年3月）。

7) 電子出版ビジネスとコピーマートとは類似している面が多いが，その仕組みは異なっている点は強調しておきたいと思う。たとえば，オンディマンド出版は在庫がない点にメリットがあるが，それはオンディマンド印刷と同じではないかという疑問が呈されることがある。コピーマートのオンディマンド出版は，データの単なる印刷とは異なるものであるというのが，コピーマート考案者の北川善太郎の考えである。北川善太郎「コピーマートとはなにか」コピライト470号5頁（2000年）。

8) コピーマート・プロジェクトにおいては，当初から大日本印刷㈱，京都高度技術研究所，NTT（その再編後はNTT東日本㈱），㈱NTTデータがコピーマートグループとして共同研究に参画し，ビジネス面からのシステムづくりに貢献している。

9) 北川善太郎「法学教育のアンシアン・レジームは克服可能か──『オンライン日本法』プロジェクトからの中間報告（三・完）」民商法雑誌126巻1号13頁（2002年）。

10) もっとも，高等研および名城コピーマート研究所での試みにおけるコピーマート性はまだ原初的な段階であり，そのシステム自体にはコピーマート性をさらに顕在化できるようなバージョンアップが今後必要であることは北川も指摘している。(北川・前掲註7・5頁)

11) オンライン日本法プロジェクトは，文部科学省私立大学学術フロンティア推進事業として，1998年から2002年までの5年間の予定で研究が行われている。採択課題名は，平成10年度文部科学省私立大学学術フロンティア推進事業「高度情報社会における知識情報システムの開発研究：コピーマート──教育実践を手掛かりとして」である。本プロジェクトの意義や研究経緯については，北川善太郎「『オンライン日本法』(Japanese Law Online：JALO)──コピーマート名城研究所の創設」名城法学50巻別冊法学部創立五十周年記念論文集221-251頁(2000年)，同「法学教育のアンシアン・レジームは克服可能か──『オンライン日本法』プロジェクトからの中間報告㈠～㈢・完」民商法雑誌122巻6号767-784頁，123巻3号332-351頁 (2000年)，126巻1号1-20頁 (2002年) を参照。

12) 1955年に10％程度だった大学・短大進学率は，1969年に20％を超えると，1973年以降は30％台中盤を維持，再び平成に入って伸び始め，2000年で49.1％まで達している（文部科学省統計〈http://www.mext.go.jp/b_menu/toukei/index.htm〉参照)。

13) たとえば，文部省（現文部科学省）の「大学における学生生活の充実に関する調査研究協力者会議」でも，モラトリアム型の学生に関する言及がなされている。〈http://www.mext.go.jp/b_menu/shingi/chousa/koutou/012/gijiroku/001/000501.htm〉

14) この問題を提起するものとして，北川・前掲註11・「法学教育のアンシアン・レジームは克服可能か──『オンライン日本法』プロジェクトからの中間報告㈠」771-775頁。

15) 先進学習基盤協議会（ALIC）編著『eラーニング白書2002/2003年版』16-22頁（オーム社，2002年)。

16) IT戦略本部「e-Japan2002プログラム──平成14年度IT重点施策に関する基本方針」〈http://www.kantei.go.jp/jp/it/network/dai5/5siryou2.html〉

17) ジェイ・P・キーサン，曽野裕夫訳「米国ロー・スクールにおける情報技術（IT）と法学教育」法律時報74巻3号7-15頁 (2001年)。

18) 「裁判所ホームページ」〈http://www.courts.go.jp/index.htm〉

19) 総務省行政管理局「法令データベース提供システム」〈http://law.e-gov.go.jp/cgi-bin/idxsearch.cgi〉。大学が提供する法令データベースとして，愛知大学「愛大六法」〈http://roppou.aichi-u.ac.jp/〉，鹿児島大学「全国条例データベース」〈http://joreimaster.leh.kagoshima-u.ac.jp/〉等がある。
20) 文化審議会著作権分科会情報小委員会では，2001年4月から，情報通信技術の進展に対応した権利制限規定のあり方につき検討を行い，その中でとくに，著作物等の教育目的の利用に関する権利制限規定のあり方と，図書館等における著作物等の利用に関する権利制限規定のあり方については，それぞれワーキング・グループを設置して論点整理を行っている。文化審議会著作権分科会「審議経過の概要」（2001年12月）〈http://www.mext.go.jp/b_menu/shingi/bunka/toushin/011201.htm〉
21) 現在オンライン日本法で提供している法情報は，後述のとおり，本研究所と共同研究機関が作成しているため，コンテンツの質は水準を保っている。今後，外部の研究者等からコンテンツの登録を受け付ける場合に備えて，執筆者または登録コンテンツの審査を行う機関として，アカデミック・コミッティーという構想がある。
22) これらの機能のすべてがコースウェア化され，かつオンライン化されていなければならない，というわけではない。この点については後述する。
23) 情報ソースや関連資料に対してリンクを張るのが利用者にとっては最も便利かと思われるが，リンクに厳しい制限を設けているサイトもあり，慎重な対応を行った結果，現在のようにURLを記載するにとどめている。

　たとえば，共同通信ウェブサイトは，リンク先をトップページのみに限定しており，トップページ以下に所在する各記事，画像等に対して直接リンクを張る，いわゆるディープ・リンクを禁止している。〈http://www.kyodo.co.jp/netroom/chosaku.html〉

　ディープ・リンクやフレーム・リンクをめぐる法的問題については，作花文雄『詳解著作権法（第2版）』559-568頁（ぎょうせい，2002年）を参照。
24) ダイジェスト「問題学習」は，民法の講義テーマごとに作成しており，設例，理論，判例，学説，事件等々との相互関係から，テーマとなる問題にアプローチできるよう構成されている。詳細は，北川・前掲註11・「法学教育のアンシアン・レジームは克服可能か──『オンライン日本法』プロジェクトからの中間報告（三・完）」5-8頁。

25) コピーマーケットに登録するコンテンツとしてみた場合，学習テストは，テスト問題，解答用紙，問題の解説，テスト結果の評価・判断の方法を記載した文書などが登録される。テストの実施には，受験者への問題配布，解答の回収，採点，さらにはテスト結果に対する評価や今後の教育・学習への助言などが必要となるが，これらの業務は著作物ではないので，コピーマーケットに登録されるコンテンツとはならない。ただし，これらの業務を行うソフトウェアがあれば，それは著作物としてコピーマートに登録することができよう。われわれのプロジェクトでは，テスト問題の作成から採点，解答の統計処理をオンライン上で行うソフトウェア「オンライン学習テスト」を試作した。

26) 北川善太郎『民法講要Ⅰ-Ⅴ（第2版）』（有斐閣，1999-2001年），同『民法講要Ⅵ 民法ガイド』（有斐閣，1995年），同『民法講要CD-ROM』（有斐閣，1998年）。

27) 『民法講要Ⅰ-Ⅴ』のすべての記述内容は，共通コードと参照コードという2種のコード体系により整理されている。また『民法講要 Ⅵ民法ガイド』は，最大4桁の固有のコードで整理されている。『民法講要』の構成とコードにつき詳細は，北川・前掲『民法講要Ⅵ 民法ガイド』v-vi頁参照。

28) 実際には，CD-ROMやCD-Rだけでなく，フロッピーディスクやMOディスク，DVD等で提供する場合もある。重点は，紙媒体の書籍版に対して，ディジタル・ファイルを提供することと，他方ではオンラインでファイルを提供するオンライン版に対して，ファイルを記録したメディアをオフラインで提供するという点にある。

29) オンライン版は，サーバからダウンロードする方式とメールにファイルを添付して送信する方式とがある。『知の結集』は前者，高等研選書は後者の方式による。

30) 『知の結集』は，名城大学の教員が自身の研究につき，学生や一般の読者にも理解できるよう，わかりやすく解説した論稿をコピーマート出版により刊行したものである。〈http://www.copymart.gr.jp/publish/user/〉

31) 既存のテスト問題を組み替えたい場合は，利用者編集版により新規の問題を作成でき，かつその新規問題や実施データ・評価もコピーマートに登録されると，教員や学習者の多様なニーズに応えられる豊潤なデータベースが構築されることになるだろう。

32) オンライン日本法のコピーマートは，研究プロジェクトの実証実験として運用中であるが，予算規模や大学の機構上の問題もあり，現状はきわめて限定され

た形での運用となっている。そこでここでは，オンライン日本法におけるコピーマート契約の問題を現状にとらわれず，一般的なモデルとして検討する。

33) ただし，オンライン日本法は，教育研究目的という性質上，誰でも登録ができるという仕組みは相応しいとはいえず，登録できる権利者の資格制限や登録著作物の内容審査等によって，登録コンテンツの質を維持する必要があろう。コピーマートへの著作物の登録の資格や条件を決めるのは，コピーマート主宰者である。

34) 先進学習基盤協議会（ALIC）編著・前掲15・58-72頁。

35) 同上・94-102頁。

コピーマートの片隅 ⑤　「近未来との出会い」

　今から6年ほど前に「近未来の法モデルについて」というタイトルの論文を発表した。……京都大学在籍中の1995年3月のことである。その年の夏学期に同じ名前の講義をミュンヘンで行った。ドイツ語に訳するのに苦労した記憶がある。新しい研究領域として関心はもたれたが，必ずしも十分理解されなかったかも知れない。95年論文で扱った問題のなかで「大量被害」や「情報」の問題は目新しくはないが，「生物体」「情報の欠陥」「システム契約」「コピーマート」等の問題となると伝統的な法学はもちろん現代の法理にとっても未知のものである。

＊＊＊

　ただそこで検討した問題はどれをとっても研究をまとめることは容易でないものばかりである。したがって，論文発表当初はそうした問題群に出会ったこと，その概要を「近未来の法モデル」という一つの観点からまとめることができたことで研究者として満足するしかなかった。

＊＊＊

　ところが予期していなかったことが起こった。近未来の法モデルとして提唱している「コピーマート」モデルがその後の展開を見せることになったのである。

＊＊＊

　……この「コピーマート」構想が見せた予想外の展開の1つは，名城大学のコピーマート名城研究所（Copymart Meijo Institute：CMMI）で実施している文部省私立大学学術フロンティア事業であり，プロジェクト名は「高度情報化社会における知識情報システム開発の研究：コピーマート──教育実践を手がかりとして」である。……いま1つは，日本学術振興会未来開拓学術研究推進事業の「情報市場における近未来の法モデル」プロジェクトである。これは財団法人国際高等研究所で実施している。……ともに1998年度から2002年度までの5年間の大型プロジェクトである。2つのプロジェクトにおいて「コピーマート」モデルがその共通基盤であるので，むしろ相互に相乗効果も期待できると考え始めた。文系で2つの大

型プロジェクトを実施することは困難であるが，ここで特記したいのは，1998年までの数年間の間に，財団法人比較法研究センターにおける「コピーマート」研究が情報工学の専門家との学際的共同研究である程度成果を出していたことが大きな支えになったことである。それでも当初はいろいろな難問に直面し続けたが，4年度までの経過から見てその成果について一定の見通しがついてきたといえる。

(北川善太郎,『知の結集』2001年9月)

第4章へのナビゲーター【4.n】

　第3章では，コピーマートをめぐる展開の核となってきた，2つの大型プロジェクトについて紹介した。それらの中では，コピーマートの応用研究を通じて，学術情報分野における情報サービスのビジネスモデルとしての姿が浮き彫りになってきた。

　続く第4章では，学術研究を越えて，実際のビジネス領域で萌芽を迎えつつあるコピーマートの展開に目を向けていきたい。情報通信技術（IT）が普及し，音楽や映像などさまざまなコンテンツがディジタルの形で流通しつつあるいま，契約による許諾を礎としたコピーマートは，著作権処理に基づくコンテンツ流通モデルとして次第に注目を集めつつある。

　また，コピーマートで取り扱うことのできる対象は，著作権だけとは限らない。コピーマートは合意に基づく許諾システムであるので，契約によってライセンスの可能なものであれば，特許や意匠，営業秘密などをはじめとして，さまざまな知的財産に活用することができる。

　さらに，コピーマートの客体は無体物たる情報だけに限定されるものではない。オンラインでの引き渡しが不可能な有体物についても，契約そのものはオンラインで交わすことが可能である。したがって，許諾システムとしてのコピーマートは，そこでも活躍する余地がある。

　むろん，オンラインで契約が可能ならば何でもコピーマートとなるわけではない。そこには「コピーマート・ミニマム」と呼ばれる要件によって，一定の枠組みが用意されている。コピーマート・ミニマムとは，端的にいえば，コピーマートがコピーマートといえる条件は何か，という最低条件のようなものを意味する。たとえば，コンテンツに権利許諾情報が埋め込まれたものを知識ユニットといい，コピーマートにおける情報流通の基本単位となることは先述した（第1章1.3.3参照）。しかし，権利許諾情報を埋め込む必要があるからといって，想定されうるすべての許諾情報を網羅的に記述してやらなければならないというわけではない。少なくとも，権利者が許諾したいと考える利用方法について記述がなされれば，それによって最低限の流通は可能である。このように，技術からすれば理想を求めて際限なく広がっていく可能性も，法的にみて何が最低限の要素であるかという枠組みをかぶせること

で，シンプルながらも実効性のある仕組みを考えることが可能となる。そうした最低必要条件の分析が，コピーマート・ミニマムの課題である。詳しくは，北川善太郎「著作権取引市場モデル"コピーマート"」CYBER SECURITY MANAGEMENT3巻27号22頁（2002年）などを参照してほしい。もっとも，コピーマート・ミニマムの姿を明らかにするのは難しく，現在も検討が進められているところである。

第4章　コピーマートの汎用性【4.】

(財)国際高等研究所研究員　　　　　山名美加
(財)比較法研究センター主幹研究員　木下孝彦

4.1　コピーマートの広がり【41.】
4.2　映像コピーマート【42.】
4.3　技術移転とコピーマート【43.】
4.4　設計資産（IP）コピーマート【44.】
4.5　化学物質コピーマート【45.】
4.6　行政情報コピーマート【46.】

4.1 コピーマートの広がり【41.】

　コピーマートを応用したビジネスモデルとしては，第3章で触れたコピーマートプロジェクトの成果である学術情報システムの高等研モデルやコピーマート出版，コピーマート名城研究所における教育・学習システムとしてのコピーマートモデル（JALO）があるが，コピーマートのビジネスモデルはそれだけに尽きるわけではない。コピーマートは著作権の利用条件を埋め込んだディジタルコンテンツを対象としているため，その対象はテキストデータに限定されないからである。[1]

　そのようなコピーマートを応用したビジネスモデルは，いくつかに類型化することができる。[2] 1つ目が，「著作権のある著作物＋コピーマート」である。それは著作物と情報のデータバンクが統合されたコピーマートであり，たとえば前章で述べた高等研における研究過程の学術情報システムのように各プロジェクトを参照コード，共通コードからなる2種類のコード体系によって有機的につなげられる情報がそこには付加されている。

　2つ目が，「著作権と関連するIPコピーマート」である。一例として4.4で詳しく展開するシステムLSIの設計資産のコピーマートがある。複数の集積回路を組み合わせて構成されていた設計資産（IP）を組み合わせることで，1チップに集約したシステムLSI（system-on-a-chip, system-on-chipともいう）は，特許，意匠，著作権，営業秘密等，さまざまな知的財産権が関わってくる可能性のある分野である。そのように特定の知的財産権だけではなく，いくつもの知的財産権が複合する分野にあっては，取引はきわめて複雑なもの

となる。そこで，コピーマートを応用したモデルを使い，権利者が種々の知的財産権情報とその利用条件を登録した集積回路の設計資産の情報パッケージを作り，それを取引できる仕組みが有用となる。

3つ目のコピーマート応用の類型としては「著作権と関連作品」がある。この類型に属するものとして，4.2で紹介する映像コピーマートがある。[3) 多くの映像コンテンツの流通においては，コンテンツ自体は魅力的で高い取引需要や取引価値があるにもかかわらず，権利関係が複雑で流通が妨げられてきたという経緯があった。その権利処理に関わる問題をコピーマート理論を使って打破しようとする試みが，この映像コピーマートである。コピーマート上には，ディジタル化された各々の映画のサンプル版が掲載され，その利用者（放送事業者等）は，コピーマートシステムを通して，その映画を利用することができるというものである。ただし，現実の利用にあたっては，ディジタル化になじまない古い映画も多い。映画そのものがディジタル化されている必要はないから，高いコストをかけて映画をディジタル化してそれがオンライン上で流通する仕組みである必要はない。利用者は映画をオフラインで受け取るコピーマートであれば低コストで実現が可能になる。このディジタルのサンプル版と映画作品が取引されるビジネスモデルは，実現に向けての動きが具体化している。

さらに，4.5で述べる「化学物質コピーマート」もこの類型に属するものである。これは，著作権処理された文献とともに，その文献に記された合成方法により合成された化学物質そのものがコピーマート上で取引できるというコピーマートである。これは，化学界においても比類ないものとしてすでに注目を集め始めており，第3章でみた国際高等研究所におけるコピーマートプロジェクトの下で実現真近の状態にある。

4つ目は，「著作権と関連するビジネスシステム」である。この例として，第3章で触れたコピーマート名城研究所のJALO（Japanese Law on Line）で展開されている教育システムや国際高等研究所で展開されている学術情報システムが挙げられる。さらには4.3で述べる「技術移転とコピーマート」も

この例に属する。従来の技術移転システムの問題点を検討し，まだまだ萌芽的ではあるが可能性に満ちた大学の研究成果を広く移転できるシステムとして，コピーマートの可能性が考えられるのである。

また，4.6で述べる行政コンテンツの情報を扱う行政アーカイブのコピーマート化もこの類型に入れることができる。行政コンテンツについては，情報公開法や個人情報保護法と関係するため，扱いが難しい情報も多く，さまざまな行政コンテンツごとに流通モデルを策定することはできない。そこで行政情報アーカイブにあっては，共通モデルを備えた上で，ソフトウェアでいうディフォルト・ルール（「何もなければそこに戻る共通モデル」）を適用し，コンテンツの特性や属性ごとに情報公開の可否を選択するプログラムを用意することが必要となる。このようなディフォルト・ルールの考え方はさまざまな分野にコピーマートを応用するにあたって大変重要となってくるだろう。

以下で，多様なコピーマートの広がりの一部について，詳しくみていくことにしよう。

4.2 映像コピーマート 【42.】

4.2.1 多チャンネル・ブロードバンド時代を迎えて 【42.1】

　総務省が2002年5月末に発表した統計[4]によると，2001年度末のわが国のインターネット人口は5,593万人に達し[5]，世帯普及率は60.5％，事業所普及率は68％とし企業普及率は98％にも及んでいる[6]。そのうちDSL, FTTH, CATVなどのブロードバンドユーザは465万人である。とくに2001年は，ブロードバンド元年といわれ，YAHOO！が打ち出した低価格サービスを引き金としてADSLサービス会社間での価格競争も相まって急速に高速通信網の普及が進んでいる。

　また，すでに始まっているCS, BSディジタル放送に加えて2003年からは地上波ディジタルテレビジョン放送の開始が予定されており，これらのディジタル放送では，信号（映像・音声等）がディジタル化されることから1つのチャンネルで送信することのできる情報量が多くなるため多彩なサービスが提供される環境が整ってきている。

　かようなブロードバンドやディジタル放送の普及により，通信チャンネルやビジネスチャンスが拡大しさまざまなサービスの提供やコンテンツの流通が期待されている。その中でとくに注目を浴びているのが映像コンテンツである。これまで映像コンテンツの流通は，放送においてはキー局を中心にしたネットワーク配信が中心であったために，ネットワーク以外の各放送局間

との自由な取引市場が形成されるには至っていない。しかし，CS，BSや地上ディジタル放送の普及に伴い，キー局を中心としたネットワーク配信の閉鎖性を越えて，よりオープンな映像コンテンツ（番組）取引のためのインフラの整備の重要性が再認識されてきており，また，ブロードバンドの普及に伴っては，圧縮技術と通信環境との関係で従来型の電話回線で接続するダイアルアップ型のインターネット接続では利用しにくかった環境が改善されるようになり，活発な映像コンテンツの利用に向けての展開が急速に進んでいる。

4.2.2　映像コンテンツ流通の現状　　【42.2】

　映像コンテンツが与える視聴覚的インパクトは，他の形態のコンテンツと比べて非常に強烈であるため，さまざまな情報やメッセージなどが映像形態で提供されている。映像コンテンツには，劇場用映画，放送番組，映像素材などさまざまな形態がある。ところで，これらの映像コンテンツの流通はその形態や利用の仕方によって一様ではない。一般的に，映像コンテンツには著作権があり，これらのコンテンツを利用するには当該映像コンテンツの権利者の許諾が前提となる。そのためたとえば，劇場用映画の場合は，その製作にあたり民法上の任意組合や商法上の匿名組合などの形態で「〇〇〇製作委員会」を形成し，共同で製作出費し，著作権は製作委員会で管理するようにしており，その中で映画の取引のための窓口となる者を設定し利用許諾や利益配分などの対応をしている[7]。

　一方，放送番組の場合は，放送事業者の番組制作への関与の度合いによって権利帰属が異なってくる。放送局が番組制作を行う場合は放送局が権利処理や利用許諾を行うことになるが，制作に外部プロダクションやスタッフが関わる場合には権利関係は複雑になり，現在では制作プロダクションと局側で権利帰属に関する認識は乖離しているのが実態である。

4.2.3 映像コンテンツ流通についての著作権問題 【42.3】

　映像コンテンツの流通には権利者の許諾を得ることが前提である。もちろん映像コンテンツの形態によって関わる権利も異なることになる。たとえば，劇場用映画の場合は，小説，脚本，音楽，美術などの著作者（「クラシカル・オーサー」という）と映画制作に参加した制作者，監督，演出家，撮影監督，美術監督などの著作者（「モダン・オーサー」という）がいるが，映画の著作者となるのはモダン・オーサーのみとされている（著作権法16条）。また，映画の著作者であるモダン・オーサーが映画製作者に対し，映画製作に参加することを約束している場合には映画の著作権は映画製作会社（前記の「○○○製作委員会」がこれにあたる）に帰属することになっている（著作権法29条1項）。そのため，一般的に映画製作会社は，モダン・オーサーからは映画への参加契約を，クラシカル・オーサーとは個々の著作物の映画化許諾契約を結ぶのに加えて，出演者と出演契約を結ぶことが必要となる。映画の二次利用について近年問題になっているのは，著作者（モダン・オーサー）や実演家（出演者）が二次利用に対して報酬の請求ができるかどうかということがある。監督については，日本映画製作者連盟と日本映画監督協会が覚書を結んで二次利用の場合は追加報酬を支払うことになっているようである[8]。

　放送番組に関しても映画の著作権帰属に関して挙げた著作権法29条1項の規定が適用される。番組が放送事業者ではなく，外部のプロダクションによって制作される場合には，制作プロダクションが著作権法29条1項による映画製作者として制作した放送番組の著作権者となると思われるが，実際は放送事業者の番組制作への関与の度合いによって判断される。放送事業者がみずから番組を制作する場合には，著作権法29条1項の映画製作者に該当することもあるし，29条2項が規定する映画製作者にもなり得る。この場合，放送事業者は，「もっぱら放送事業者が放送のための技術的手段として製作す

る」(著作権法29条2項)限りにおいては1項による場合と違って映画の著作者との参加契約は必要でないが、二次利用の場合にはそれらすべての著作者の許諾が必要となってくる。つまり、29条2項に該当する映像コンテンツに関しては、その目的が限定されているために、CS, BSやブロードバンドなどの流通チャネルを通してコンテンツを自由に流通できないのである[9]。

このように、多くの映像コンテンツにおいてはその複雑な権利関係のためにそのコンテンツ自体は非常に魅力的で高いマーケットバリューがあるにもかかわらず流通しない、できない、というジレンマに陥っているのである。

4.2.4 「映像コピーマート」 【42.4】

「映像コピーマート」は、このような複雑な権利関係を有する映像コンテンツのための取引モデルを提案するものである。映像コンテンツの需要はデジタル放送やブロードバンドの普及により拡大の一途をたどっている。ここで、利用者が映像コンテンツを利用するとした場合、まず誰が権利者なのかを探し出し利用許諾の交渉を行うことになる。コンテンツ利用に関して総合的に権利管理を行う窓口権を有する企業(個人)があれば問題はないが、そうでないと当該映像コンテンツの権利者に対して個別に権利処理を行うことになる。この場合、権利者ごとに利用許諾契約を締結しなければならないし、仮に一人でも利用に対して「No」をいえば、ほかの権利者全員が「Yes」としていても当該コンテンツを利用することはできない。また、これらの個別交渉を行うにかかる時間・費用・労力は決して過小評価できるものではない。

さて、「映像コピーマート」の主な内容についてみてみよう。

4.2.4.1 映像コンテンツの権利者と利用者との取引の「場」 【42.41】

「映像コピーマート」は、映像コンテンツの権利者と利用者との直接取引の「場」を提供する。コピーマートは、権利者が自己の権利をライセンスす

ることに同意して著作権情報を登録することを前提とするものである。映像コンテンツのように多数の権利者が関与していればその全員の同意が必要である[10]。かような映像コンテンツをコピーマートに登録するには，非常に多くの労力と費用が発生することが推測できる。これについてコピーマートは，次に述べるような方法をとることによって，権利者と利用者間で効率的な取引を可能とする。

4.2.4.2　多数権利者の処理と使用料の配分について　　【42.42】

　映像コンテンツにかかる複数の権利者ごとに権利処理することは不可能ではないが困難を要することは前述した。とくに，権利者が他界している場合や，権利を保有する企業が倒産していた場合などは，それらの権利の相続や譲渡先について調査しなければならない。仮に相続人や譲渡先が判明したとしても利用許諾が得られるかどうかは別問題である。映像コンテンツのように多数権利者が存在する場合，「映像コピーマート」に登録する段階で映像コンテンツにかかる全権利者を権利者として個別に登録するのではなく，誰

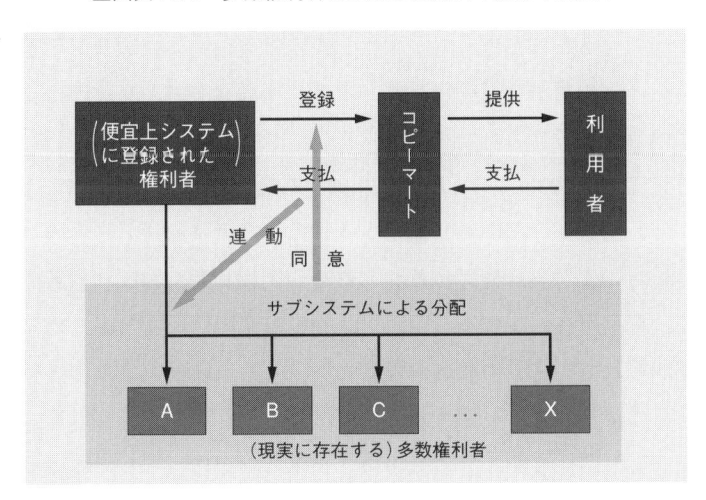

■図表4-2-1　多数権利者の処理と使用料の配分の仕組み

(出典：「機械振興」33頁（機械振興協会，2000年7月号））

か一人を権利者として便宜上に登録すればよい[11]。そして，サブシステムにおいて，当該映像コンテンツの全権利者への使用料の配分を行うのである。ここで，「映像コピーマート」は，権利者として登録した人を当該映像コンテンツの権利者と認識するわけであり，当該映像コンテンツにかかる全権利者や利用料の配分は登録者を中心としてサブシステムで決める，という二段階方式の処理を行う。これによって，たとえば，権利者間で使用料の配分が未解決であったり対立があった場合でも，利用者はコピーマートに便宜上登録した権利者と取引できるので映像コンテンツが利用できるというメリットがある。そして，配分や対立などの問題については，流通後にサブシステムで対応すればよい。

このような「映像コピーマート」を具体化する中で生まれてきたのが次に紹介する映像著作権協議会である。

4.2.5 映像著作権協議会（Image and Movie Copymart : IMC）
【42.5】

映像著作権協議会は，ディジタル化が進展する新たなメディア市場において，コピーマートの考え方をベースにした映像著作物の流通システム「映像コピーマート」の構築を目的として，当時の通商産業省と文化庁の支援のもとで1999年4月に設立された[12]。

その背景には，1998年に「高度情報通信社会推進に向けた基本方針」[13]が発表されて，関係省庁，関係団体を巻き込んで高度情報通信社会のコンテンツの充実に対して討議，検討が重ねられたが，権利者および制作者間における意識差，権利所在情報の不透明さ，認知不足等の問題などのために，現実的な対応が遅れているとの認識が強くあり，とくに映像および画像分野においては，そのメディアデータとしての取扱いの難しさ，データ容量，品質等の問題点から，関係産業，団体も含め，それらの製作レベルでの環境整備と，取引レベルでのデータベースやシステムの構築が求められていたことがある。

4.2 映像コピーマート

　映像著作権協議会は，映像および画像分野における著作権保護と著作物の管理手法，およびネットワーク上の安全な公開・円滑な流通のための諸問題を解決する仕組みを構築・検証し，グローバルなディジタルメディア産業と権利者との間に新たな権利取引市場（コピーマート）を構築することを目的とし，権利処理研究会，事業化研究会，技術研究会の3つの委員会を設置した。「権利処理研究会」は，映像コンテンツにかかる著作権を中心とした知的財産等の契約，権利処理および流通に関する問題点等についての研究を，「技術研究会」は，トラッキング，コピーガード，電子透かし技術など，情報公開に向けての権利処理，保護技術の検証および検討，および，劣化した映像データに対して電子的な修復を行う技術と著作物の原盤再生技術の研究を，そして，「事業化研究会」は，映像著作物における二次利用の市場形成の支援および活性化について，それぞれ研究を行った。

　また，映像著作権協議会では，映像流通市場のインフラとしての映像流通センターの構築について次の事業を行った。

(1)　ディジタル化・情報入力センター

　これは，アナログデータである映像コンテンツと著作権情報（著作者，著作権者，その他の付帯情報）を抽出し，ディジタル化，データベース化のための入力を行った。その際に，権利保護および認証システムと連動し，電子透かし（ウォーターマーク），コピーガードなどによって保護を行った。

(2)　映像アーカイブセンター

　「映像アーカイブセンター」は，㈱NTTデータによって開発され，権利団体および権利者より登録された著作物について，認証を行い，データの保管，管理を行うことに加えて，登録による作品認証システム，映像・画像データ，コンテンツ情報や著作権情報を管理するシステムである。映像コンテンツの権利者はこのシステムを利用することにより，みずからのコンテンツの提供条件を設定し流通市場にのせることが可能となるし，利用者はさまざまな映像コンテンツをコンテンツ情報や著作権情報のみならず動画検索の機能を利用して必要とするコンテンツにアクセスしそのサンプルを Real Player で確

認した上で入手することが可能となる。

　映像著作権協議会は、当初の目的を達成し2001年に発展的解散をした。現在は、そこでの成果をベースに実用化に向けた展開が進んでいる。その一つの方向が、公益性を持ち映像コンテンツや取引にかかる法的諸問題の研究や紛争防止・処理のための環境を提供する映像著作権協議会であり、他の方向が映像流通にかかるビジネス展開である。

4.2.6 「eizomart™」 【42.6】

　現在、「映像コピーマート」のビジネスモデル展開を推進しているものとして、㈱NTTデータの「eizomart™」[14)]がある。「eizomart™」は、コピーマートの考え方を基盤として、映像業界における映像素材やパッケージ作品などの映像コンテンツの取引市場を構築するB to B（Business to Business）のビジネスモデルである。本格的なブロードバンド時代が到来し、映像業界における映像制作会社相互のコンテンツ制作コンソーシアムの実現を目指した取り組みと実証実験を2001年11月より行っており、事業化へ向けたビジネスモデル検証を実施している。実証実験には、全国地域映像団体協議会加盟の各映像制作会社をはじめ全国のさまざまな映像制作会社、映像作家の方より映像コンテンツの提供を受けている。

　「eizomart™」は、映像提供者と映像利用者がインターネット上の市場（マーケットプレース）を通して映像素材等の取引を可能とするビジネスモデルである。利用者はこれまで、必要とする映像素材を映像ライブラリや映像コンテンツ制作会社に電話で問い合わせサンプルを確認するなどして入手していたが、「eizomart™」の実現によりインターネットを介して映像コンテンツ利用に関する必要な情報を入手できるのみならず、利用形態に応じた利用許諾を得ることが可能となる。「eizomart™」は次のような目的を掲げている。

　① 映像コンテンツ流通サービスを核として、映像制作事業者間のコラボ

レーションを実現するための各種サービスを提供する。
② 映像流通市場における参加機会の確保，売上高増大，マーケット機会の増大を図る。
③ 既存コンテンツ資産の活用により市場の活性化，ブロードバンド配信向けや海外へ向けた流通などの新たな市場に向け新しいビジネスモデルの創出。
④ 映像コンテンツ流通における著作権契約モデルの検証の実施。

次に「eizomart™」のサービスと仕組みを紹介しよう。

4.2.6.1 サービスの概要 【42.61】

「eizomart™」は映像コンテンツを提供する映像制作会社などと，利用者としての映像制作会社，放送事業者などとの間に取引の「場」を提供するものであり，主に次の3つのサービスを行う。

(1) 映像素材流通サービス

「映像素材流通サービス」は，映像制作会社やアナログやディジタルフォーマットで保有する映像素材やコンテンツを「eizomart™」に登録（提供）し，そこでディジタル技術によりMpeg，RealG2などの形態でライブラリ化しインターネットを介して流通させるサービスである。映像素材は主に映像制作会社で制作され，TV番組，ニュース，プロモーションビデオなどに素材として利用される。これまでは，番組制作にあたり，たとえば京都の祇園祭りの映像が必要となった場合，年に一度7月中旬に開催されるのを待って撮影するだけの時間的・財政的余裕がないのが通常であるし，また仮に雨が降って思うような撮影ができない場合のことを考えると，7月まで待って撮影することのリスクを考慮しなければならない。そのため，一般には映像ライブラリが保有する祇園祭りの映像を検索し欲しいものを入手し利用することになる。しかし，わが国の映像ライブラリを網羅するデータベースやサービスはなく，利用者はあれこれの情報源を頼りに映像コンテンツライブラリや制作会社に電話で問い合わせたり，先方まで出向いて映像サンプルの確認

■図表4-2-2 「eizomart™」

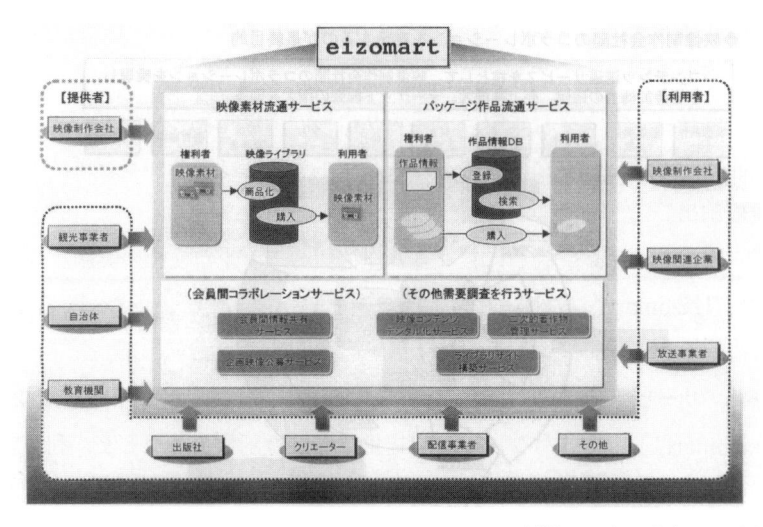

((株)NTTデータ作成、2002年)

を行った後に、申し込み書類を作成し利用許諾契約を交わさなければならない。

　「eizomart™」は、利用者が会員登録をした上で素材の検索・閲覧を経てサンプルを確認し権利者との間で利用許諾契約を締結するためのシステムを提供する。この場合、利用許諾契約は権利者と利用者間で締結されることになる。「eizomart™」は取引のための「場」を提供するものである。利用にかかる料金は利用者から「eizomart™」に支払われ、利用料金から手数料などの必要経費を差し引いた金額が権利者に支払われるシステムである。

(2) パッケージ作品流通サービス (ハイビジョン素材を含む)

　「パッケージ作品流通サービス (ハイビジョン素材を含む)」は、アナログ素材の流通に限らずハイビジョン素材や、各社が保有している中・短編映像作品 (地域紹介、観光紹介、歴史文化紹介、自然景観、教材用などの各種ビデオパッケージ) を流通させるサービスである。これは、冒頭で述べたCS・BSディジタル放送やブロードバンド時代を迎えているにもかかわらず

映像コンテンツの著作権処理がバリアになり活発な流通が阻害されているという問題をコピーマート理論を利用して解決しようとする試みの一つである。ハイビジョン素材（カット）・パッケージ素材（完パケ）については映像コンテンツそのものを「eizomart™」に登録（提供）するのではなく，タイトル，ジャンルなどの作品情報や権利者情報などを登録する。このシステムにおいて利用者は，映像素材流通サービスと同様に「eizomart™」の会員登録をした上でハイビジョン素材情報データベース，パッケージ素材情報データベースにアクセスし検索を通して必要な素材や作品が見つかれば直接権利者と利用許諾契約を締結することができるとともに，映像コンテンツそのものについても権利者から利用者に送付されるシステムである。

(3) その他のサービス

映像流通のプロモーションやビジネスモデルに必要な下記のようなサービスが含まれる。
・映像コンテンツディジタル化サービス
・ライブラリサイト構築サービス
・会員間情報共有サービス
・企画映像公募サービス
・二次的著作物管理サービス

4.2.6.2 契約モデル 【42.62】

さて，ここで「eizomart™」の契約の仕組みについて整理をしよう。「eizomart™」は権利者と利用者の間に存在し映像コンテンツの取引のための「場」を提供するものであるから，基本的な当事者は (1) 映像コンテンツの提供者（権利者），(2) 映像コンテンツの利用者（利用者），(3)「eizomart™」の主宰者（運営者），の3者である。それぞれの関係についてみてみよう。

(1) 映像コンテンツの提供者（権利者）

① 「eizomart™」との会員契約

映像コンテンツの提供者はまず，取引の場としての「eizomart™」に参

■図表4-2-3 「eizomart™」の契約モデル

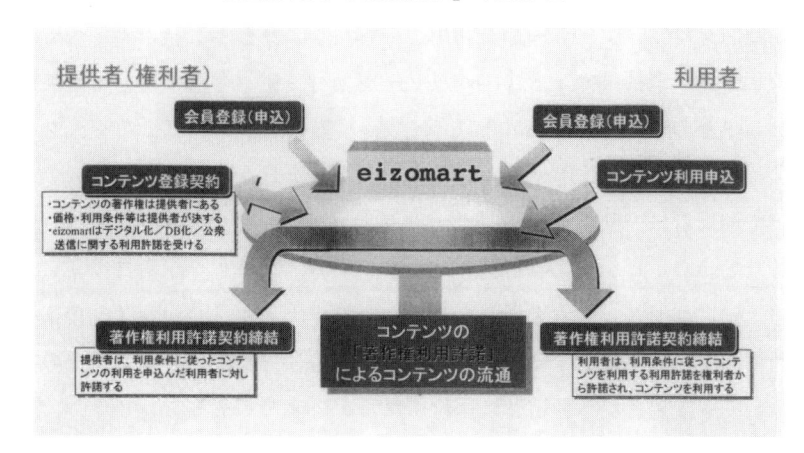

((株)NTTデータ作成, 2002年)

加するための会員登録を行わなければならない。その上で, みずから権利を保有する映像コンテンツを「eizomart™」で流通にのせるための登録契約をしなければならない。具体的には,「eizomart™」のビジネスルールや条件（フォーマット, 登録料, 手数料, 支払方法など）について承諾した上でコンテンツや情報を「eizomart™」に提供する。

② 利用者との利用許諾契約

権利者が提示する条件に対して利用者から申し込みがあり, 権利者が許諾すれば当事者間で契約が締結される。権利者が提示する条件に利用者が合意しない場合には個別交渉を行うことも可能である。

(2) 映像コンテンツの利用者（利用者）

① 「eizomart™」との会員契約

映像コンテンツの利用者は, まず取引の場としての「eizomart™」に参加するために会員登録をしなければならない。その上で「eizomart™」にアクセスして希望するコンテンツを検索し入手することが可能となる。利用者は希望する映像コンテンツが見つかった場合,「eizomart™」に対してコンテンツ利用申し込みを行うことができる。

② 権利者との利用許諾契約

　利用者は，権利者が提示する条件に合意することで権利者と映像コンテンツについての利用許諾契約を締結し当該コンテンツをその許諾範囲内で利用することができる。

(3)　「eizomart™」の主宰者（運営者）

　前述したとおり権利者であろうが利用者であろうが取引の「場」に参加するためには，まず「eizomart™」の主宰者との間で会員登録をすることが前提となる。その上で，権利者として映像コンテンツを登録したい場合はコンテンツ登録契約を結ぶことになる。

　また，個々の映像コンテンツの利用許諾契約については権利者と利用者との間で行われる仕組みである。しかし，ここでは権利者と利用者は絶対的立場にあるものではなく，権利者が利用者になり，利用者が権利者になる場合があるので柔軟かつ融通性のある仕組みでなければならない。「eizomart™」は基本契約と個別契約を組み合わせることにより，かような複雑な取引環境に対応できるシステムであるといえよう。

4.2.7　今後の展開　【42.7】

　新たな技術発展に伴う大きな変革の波が映像産業にも押し寄せている。これまでのビジネスや商習慣の中で著作権などの問題が正面からとりあげられにくかった環境が大きく変わろうとしている。いまや携帯電話で映画のプレビューが見られる時代となった。ep放送（蓄積チャンネル）によりテレビはサーバ化してきたし，ブロードバンドで映画などの動画配信が始まった。このような情報通信社会をより魅力的なものとするのがコンテンツである。そしてそのコンテンツの創作と流通に直接関わってくるものが著作権をはじめとする知的財産権なのである。

　しかし，メディアや通信技術が進歩する一方で，どれだけ新たな創作物を

クリエートするための仕組みが構築されてきたのだろうか。どれだけ制作者やアーティストにとってインセンティヴを与える仕組みができたのだろうか。創作者が利用者になり利用者が創作者になる情報通信社会の特性を生かした取引システムとはどのようなものなのだろうか。権利保護と利用促進のバランスのとれたシステムは可能なのだろうか。

　ここに紹介した「映像コピーマート」は，技術と法の共生モデルの一例である。権利者と利用者との合意によって著作権取引を行うという基本的な考え方を基盤とし，主に技術の発展によって生じた複雑な著作権や取引の諸問題を，技術を利用することで解決に結びつけようとする試みである。かようなシステムの中にこそ，複雑・ハイテク化した映像流通の近未来像がみえてくるのではないのだろうか。

4.3 技術移転とコピーマート 【43.】

4.3.1 大学の新たな役割 【43.1】

　現在，日本では産学間の技術移転がイノベーションの新たな推進力として評価されつつある。長年，大学の社会的意義は，学術上の業績，典型的には論文執筆，学会報告等を通じて社会に貢献することにある，と考えられていたが，近年では，大学に蓄積された知的資産を，企業を通じて社会還元することに社会的意義を見いだす風潮が醸成されつつある。

　もちろん，大学が社会から求められてきた教育，学術研究という役割の重要性は，将来も揺らぐものではない。しかしながら，日本経済，そして，大学自身を取り巻く環境の変化する中，大学には新産業の核となる技術の創出と，その移転という第三の新たな役割が課せられ始めているといえよう。[15]そして，その新たな大学の役割の原動力になるのが，TLO（技術移転機関）である。

4.3.2 TLO（Technology Licensing Organization；技術移転機関）とは 【43.2】

　TLOは，特許性，市場性を評価した上で，大学等の研究者の研究成果を譲り受け特許化するとともに，積極的に企業への技術情報の提供，マーケティ

■図表4-3-1　TLOの業務イメージ

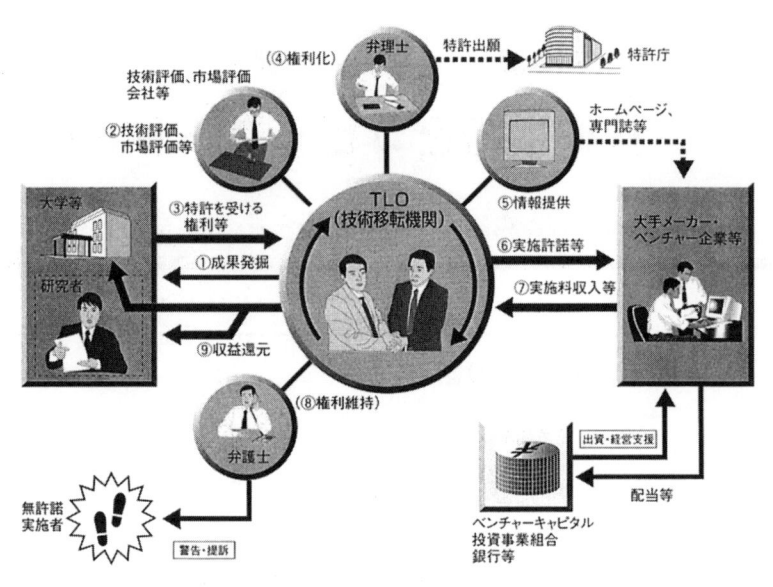

（出所：産業基盤整備基金「TLO（技術移転機関）のご案内」パンフレット）

ングを行って，最適な企業へのライセンシング等により技術移転を図る組織である。また，取得した特許権については，適宜，権利の再評価を行うとともに，権利侵害への対処等適切な管理も行っている。[16]

　TLO が得た収益は，研究者だけでなく大学等に還元され，さらなる研究資金として活用され，大学の研究を活性化させる「知的創造サイクル」[17] の原動力となることが期待されている。そして，1998年8月に施行された「大学等技術移転促進法」によって認定されたTLO に対しては，国の助成金交付，国の債務保証，特許料，審査請求料等の納付免除等の優遇が受けられることになったため，日本国内に相次いでTLO が生まれることになった。また，1999年10月に施行された産業活力再生特別措置法，2000年4月に施行された産業技術力強化法も産学連携の促進に拍車をかけることとなった。

■図表4-3-2　産学連携促進のための支援措置の現状

大学等技術移転促進法（1998年8月施行）
- 承認TLOに対して，助成金の交付
  （助成率2/3，年3,000万円まで）
- 認定TLOに対して，特許料，審査請求料の免除

産業活力再生特別措置法（1999年10月施行）
- 国の委託研究開発成果の民間移転の可能化
  （日本版バイ・ドール法規定）
- 承認TLOに対し，特許料（当初3年間），審査請求料を1/2に軽減

産業技術力強化法（2000年4月施行）
- 民間から国公立大学への資金受入れ円滑措置
- 産学連携のための大学教官への研究助成制度の創設
- 大学及び教官に対する特許料（当初3年間），審査請求料を1/2に軽減
- 国公立大学教官及び国公立試験研究所員の民間企業役員の兼業規制緩和
- TLOの国立大学キャンパスの無償使用措置

承認TLO　23機関
認定TLO　1機関
（2001年10月現在）

〔適用契約件数〕　1,194件
（経済産業省分（NEDO）からの間接委託を含む）
（委託研究費の総額）約2,300億円
（2000年度）

〔特許料等軽減件数実績〕
特許料軽減　　　6件
審査請求料軽減　46件
（2001年6月現在）

〔兼業件数〕
研究成果活用企業役員兼業　51件
監査役兼業　　　　　　　　14件
TLO役員兼業　　　　　　　44件
（2001年7月現在）

〔無償使用許可TLO数〕
9機関　　　　（2001年3月現在）

（出典：『特許行政年次報告書（2001年版）』48頁）

4.3.3　TLO設立の背景　——米国経済の再生と産学連携【43.3】

　このような日本の産学連携の促進，技術移転機関設立の背景には，米国における産学連携が経済再生に及ぼした影響への評価があったことはいうまでもないだろう。その背景を若干振り返ってみよう。

　1970年代末の米国は，対日貿易赤字の増大や国内産業の不振に悩まされていた。その中で，新しい経済再生，景気刺激政策の必要性が検討され始めた。そして，そこでは，従来，連邦政府が多額の予算を投じて行ってきた基礎研究から現実に商品化されるものがきわめて少ないという問題点が指摘された。その最大の原因は，連邦政府の予算を投じて行われた研究成果に関す

る特許は連邦政府に帰属するという政府の方針にあった。つまり，連邦政府の特許については独占的実施権によるライセンスが認められていなかったために，その発明の活用を求める者に対しては，誰にでもライセンスが与えられていたのである。したがって，連邦政府の特許は，仮に商業化されても，他者もその技術を利用することができるために，熾烈な競争にある民間企業にとっては，先行者利益が働かず，「誰でも使えるが，誰も使えない」状況に置かれていたのである。[18] そのため，大学の技術が民間企業に活用されるということも，あまりなかったのである。

しかし，変革の契機は，1980年に訪れた。1980年にバーチ・バイ（Birch Bayh）上院議員，ロバート・ドール（Robert Dole）上院議員の提案により，連邦政府の資金によって完成した発明を，大学・非営利団体，中小企業に帰属させることを可能とさせ，また，特許化してライセンスした場合には，そのロイヤリティ収入を発明者や科学技術のための研究開発に還元することを義務づける法律，「1980年特許商標法修正法（通称『バイ・ドール法』）」が制定されたのである。

本法の制定によって，米国の多くの大学にTLOが大学内組織または外部組織として設立され，政府資金の提供を受けて完成した研究成果は，大学の所有の下に特許化され，TLOを通して民間企業へ移転され始めたのである。

そして，とくにIT（情報技術），バイオといった分野での大学の目覚しい発明が，TLOの利用を通じて，新規産業創出の原動力となり，1990年代の米国経済再生の大きな牽引力となっていったのである。

大学からの技術移転が米国経済に与えた効果について，全米の大学技術移転組織の管理者で構成されているAUTM（Association of University Technology Manager：大学技術管理者協会）によれば，1993年度に米国の大学から生まれた研究開発成果によるロイヤリティで，製品化段階において，投資効果で20〜50億ドル，雇用効果で2〜4万人，販売段階において，製品売上効果で170億ドル，雇用効果で14万人もの効果を生んでいるとの試算もある。[19]

■図表4-3-3　米国主要研究大学のTLO概要

順位	大　学　名	ライセンス収入 (単位:千ドル)	TLOの スタート時期	医学部 の有無	発明開示 件数(1998)	新規特許申請 件数(1998)	創業企業 (1980-98)
1	カリフォルニア大学システムズ(州立9大学計)	79,838	1950	○	742	334	84
2	コロンビア大学(私立)	66,018	1982	○	151	60	18
3	スタンフォード大学(私立)	61,245	1970	○	247	130	68
4	フロリダ州立大学(州立)	46,643	1996	×	14	13	3
5	イェール大学(私立)	33,306	1982	○	65	67	34
6	カーネギーメロン大学(私立)	30,065	1992	×	82	17	14
7	ミシガン州立大学(州立)	24,337	1992	○	68	37	28
8	ワシントン大学(UW～Wash.Res.Fndth.)(州立)	21,304	1983	○	255	65	64
9	フロリダ大学(州立)	19,145	1983	○	139	68	55
10	M.I.T(私立)	18,615	1940	×	356	240	141
11	ウィスコンシン大学マディソン校(WARF)(州立)	16,130	1925	○	208	91	18
12	ニューヨーク州立大学(SUNY Res.Fndth.)(州立)	12,132	1979	○	165	63	36
13	ハーバード大学(私立)	12,090	1977	○	124	70	35
14	ベイラー医科大学(私立)	7,522	1983	○	86	34	19
15	ペンシルベニア大学(私立)	7,247	1986	○	233	97	36
16	ミシガン大学(州立)	6,811	1982	○	160	78	38
17	チュレーネ大学(私立)	6,633	1985	○	21	6	3
18	ジョンズ・ホプキンス大学(私立)	5,615	1973	○	228	168	25
19	カリフォルニア工科大学(私立)	5,500	1978	×	315	135	36
20	エモリー大学(私立)	5,410	1985	○	57	50	13

(出典：AUTM Licensing Survey FY 1998, (財)日本テクノマート制作『工業所有権標準テキスト(流通編)』23頁(発明協会, 2001年))

　このような米国の動向に刺激を受けて，日本においても，大学等技術移転促進法の制定以降，TLOを中核に具体的な政策が動き出すことになった。2002年4月現在で，日本における承認TLO[20]は全国で27機関，認定TLO[21]は2機関にも上る。[22] TLOの設立数の増加とともに，TLOによる特許出願件数，民間への技術移転件数も着実に増加していることは，日本においても，「知的創造サイクル」が，ゆっくりとはいえ，大学を中心に回り始めたことを示しているのかもしれない。

第4章 コピーマートの汎用性

■図表4-3-4 米国大学の研究成果の技術移転による経済効果試算（1993年）

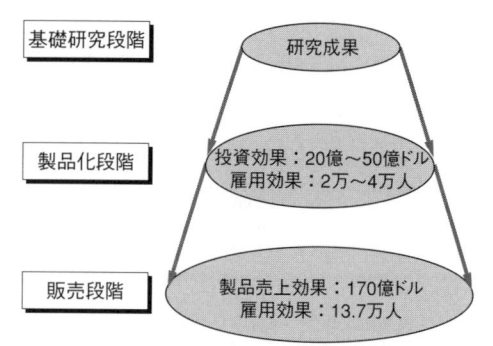

- 基礎研究段階：研究成果
- 製品化段階：投資効果：20億～50億ドル／雇用効果：2万～4万人
- 販売段階：製品売上効果：170億ドル／雇用効果：13.7万人

参考：ソニーの売上高約170億ドル（'96年3月期）
　　　モトローラの従業員数約14万人（'95年12月期）

資料：Association of University Technology Managers, inc「AUTM Licensing Survey」
　　　大和総研「日米の大学における技術移転の実態」（1996年）より

（出典：『産業活性化のための特許活用——特許はベンチャービジネスを支援する』29頁（特許庁，1998年））

■図表4-3-5　TLO設立件数と特許出願件数の推移

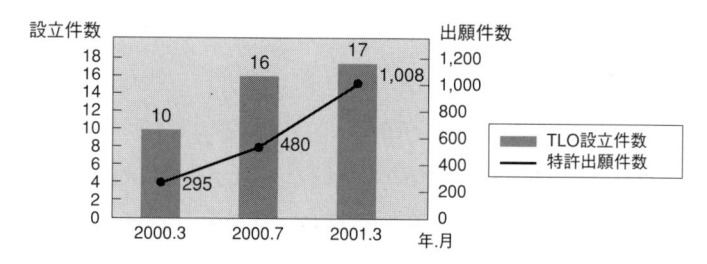

年.月	TLO設立件数	特許出願件数
2000.3	10	295
2000.7	16	480
2001.3	17	1,008

（出典：『特許行政年次報告書（2001年版）』45頁）

■図表4-3-6　TLOにおける特許移転の推移

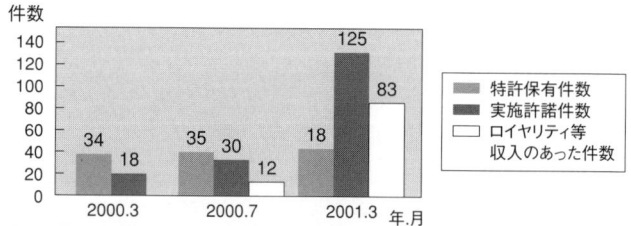

年.月	特許保有件数	実施許諾件数	ロイヤリティ等収入のあった件数
2000.3	34	18	
2000.7	35	30	12
2001.3	18	125	83

注）
- 特許出願件数……特許庁に出願した件数
- 特許保有件数……特許庁に登録された特許権の件数
- 技術移転成約件数……企業に対して、特許権等（出願中のものも含む）の譲渡を行う契約を締結した件数、及び専用実施権等の設定を行うための契約を締結した件数
- ロイヤリティ等収入のあった件数……技術移転成約件数のうち、対価として、譲渡収入、契約金、一時金収入又は売上等に応じたロイヤリティ収入がTLOに計上されるに至った件数

（出典：『特許行政年次報告書（2001年版）』45頁）

4.3.4 大学の「知的財産ビジネス」をめぐる諸問題　【43.4】

4.3.4.1 転換期にある日本の大学　【43.41】

　しかしながら，TLOが全国各地で設立され始め，民間への移転件数が増加の途をたどっているといえども，課題は多い。そもそも，成功物語として語られることの多いTLOであっても，現実には，そのTLOが扱う特許のうち，民間にうまく移転されて，収益につながるものは，「本場」の米国にあっても，ごくごく限られた数でしかないというのが現状である。[23]

　また，日本においても，特許出願や維持費に経費がかかるものの，ロイヤリティ収入としては，まだまだ十分でないところが多いことから，5年間の助成期間が切れると行き詰まるところも出てくるとの声が出ている等，すべてのTLOにとって必ずしも前途が明るいとはいい難い。具体的にみれば，ロイヤリティ収入を得るまでの資金をいかに確保するのか，資金が十分でない中，質の高い技術移転の専門家（知的財産の専門家），法務，財務の専門家の確保をどう進めていくのか等の問題も多い。[24]

　名城大学においてコピーマート研究の中核となっているコピーマート名城研究所は，このような過渡期にある大学における技術移転の実情と課題を明らかにするべく，「大学における知的財産権研究プロジェクト」[25]を実施している。本プロジェクトは，特許庁から名城大学に対して委託された事業であり，2000年度から実施されている。2000年度にあっては，理工系の学部を有する全国の国立，私立大学を対象に知的財産政策と技術移転契約に関わるアンケートを実施し（国公立大学63校，私立大学21校に送付），そのうちの国公立大学24校，私立大学12校から回答を得た。

　アンケートを通して明確になったのは，とくに，理工系の学部を有しながらも，人的，資金的問題もあり，TLOの設立にまで踏み出せずにいる私立大学や地方の国公立大学の抱える課題であった。そして，いくつかの疑問にも行き着いた。確かに，産学連携は大学にとっても，また，産業界にとって

も重要であり，TLO を通しての技術移転の促進は好ましいことである。しかし，人的，資金的な問題を抱える大学にとっても，TLO の設立は前提条件として必要なのだろうかということであった。つまり，技術移転の仕組みが整うのは好ましいことではあるが，技術移転によって大学は収益還元以外の何を得るのかということ，若手研究者の研究意欲が高まるとか，教育にそれが反映されるとか，そういう議論をあまりしないで，全国的な「流行」に追随するだけの大学が出てくるような状況では，大学の存立にとってもかなりの問題が生じるのではないかという疑問であった。[26]

また，国公立大学の独立行政法人化への波の中で，発明の権利が個人有から大学有へとシフトする方向に議論が向かい始めている中で，仮に大学が権利を保有することになったとしても，大学にそれをマネジメントするだけの力があるのか，または，大学があえてそれをマネジメントする必要があるのかという疑問も残る。

4.3.4.2　Maximalist Approach と Minimalist Approach　　【43.42】

　コピーマート名城研究所の「大学における知的財産権研究プロジェクト」による海外調査を通して，上述した問題点に関して示唆に富むと考えられる実情に触れることができた。それは，まず米国の大学・研究機関の調査を通して，技術移転戦略においては2種類の流れが存在しうることを確認できたことである。つまり，日本においても成功事例の代表として紹介されているTLO を有する米国の大学のほとんどは，企業からの委託研究に至るまで，大学におけるすべての研究成果を大学帰属のものとし，大学が管理し，TLO を通して，商業化を図っているのが実情である。そこでは，特許権等を共同研究の相手企業や研究者個人の手に委ねることは決してない。研究者がみずからの発明を活用すべく，いわゆるスピンオフ企業を設立する場合も，自身の挙げた研究成果に関して，改めて大学側からライセンス供与を受けることとなる。これを，大学の積極的な知的財産ビジネスとして，Maximalist Approach（拡大アプローチ）と呼ぶことにしたい。[27]

一方で，ごくわずかであるが，米国には，このMaximalist Approachをあえてとらない研究機関が存在している。その一例が，テキサス州San Antonio市に存在する非営利研究機関[28]，Southwest Research Institute（SwRI）[29]の知的財産政策である。この研究機関は，大学ではなく，非営利の一研究機関にすぎないが，多くの権利の帰属についての考え方は非常にユニークであると思われる。それは，クライアントが出資する研究（委託研究）により生じた特許はすべてクライアント側に帰属するという原則を有しているからである。[30]

SwRIは，基金2.5億ドル（約300億円），その1,200エーカーに170の研究施設とオフィス，2,714人（1999年度末）の職員を擁して，専門研究員940人のうち，173人が博士号保有者であるという研究組織である。そして，年間にクライアントから受けるプロジェクトの数はコンピュータ，ロボット，航空機，材料，宇宙工学等実に幅広い分野[31]にわたって2,000件，年収は3億ドル（約360億円）にも上る一大研究拠点である。

そして，こうしたSwRIのR＆Dにも，明確なスペクトルがある（**図表4-3-7**）。それは，やや応用に近い基礎研究から，開発に至るまでをその射程に置くものである。ほとんどの大学は，そのR＆Dのスペクトルを基礎研究および応用研究に絞っており，また，米国連邦研究所も基礎，応用を，開発よりも重視しがちであるのとは対象的に，SwRIは基礎研究，応用研究とともに，開発までを重視するというR＆Dの一連の流れを明確にしている。ただし，生産には従事しないという明確な線引きがなされている点も興味深い。

また，SwRIはその研究理念から，米国政府からの大規模なプロジェクトばかりを受けるようにはしないという。他の有名な研究機関との比較でみると，SwRIが，政府との研究をめぐる契約と，民間との研究をめぐる契約の比率を，50対50にしている事実も興味深い点である。多くの大規模な研究機関では，圧倒的に政府間との契約比率が高いからである。政府からのプロジェクトと民間からのプロジェクトの契約比率のバランスをあえて保つことで，それぞれの下請け的な組織ではない，研究における独自性を発揮すると

■図表4-3-7　R＆D機関におけるテクノロジースペクトラム

研究開発機関	テクノロジースペクトラム			
	研　究		開　発	生　産
	基礎	応用		
大　学				
米国連邦研究所				
米国連邦政府				
企業の研究所				
企　業				
SwRI				

（出所：SwRI提供資料より作成）

いう明確な政策は，大学の企業化を懸念する声に対しても示唆するところがあるかもしれない。

　そして，すでに述べたことであるが，委託研究の成果については，権利主張を行わないというSwRIの知的財産政策，知的財産ビジネスにおけるMinimalist Approach（最小限アプローチ）が，より多くの民間のクライアントを惹きつけているのは明らかであろう。[32] また，Minimalist Approachに徹しているためか，権利侵害の紛争の多い米国においても，現在まで侵害訴訟等にほとんど巻き込まれていない。だが，Minimalist Approachをあえてとることで，多くの企業を惹きつけ，また，権利主張を行わないために，かなりの紛争を回避できるという可能性は，いいかえれば，Maximalist Approachをとる場合の問題点を浮き彫りにするものでもある。つまり，大学およびそのTLOがMaximalist Approachをとるということは，それらもまた，企業と同様の市場原理に基づいた経営戦略をとらざるを得ない状況を生むことも意味しているのである。そして，企業と同様に訴訟当事者となる可能性は，特許侵害はもとより，反トラスト法や製造物責任の側面においても生じることとなる。そのときに，大学やTLOが，どのような対応をとるこ

とができるのだろうか。すでに問題提起したように，大学の企業化，大学の技術マネジメント力に対する危険性を危惧する指摘はある意味で的を得たものではなかろうか。[33]

4.3.4.3　特許中心型TLOの課題　【43.43】

　さらに，現在構築されつつあるTLOの問題としては，その技術移転の対象が特許のみを眼中において行われている点が挙げられよう。大学の研究成果のほとんどが特許の対象となる状況においては，それもある程度は致し方ないことであるといえるだろう。しかし，たとえば，コンピュータ・プログラムや集積回路といった分野の知的財産は，特許権よりも著作権や独自の集積回路配置権で保護されていることからもわかるように，特許権をもってのみ保護されるものではない。そして，これらの研究成果が今後ますます大学から出てくることは明らかである。また，重要な知的財産でありながらも，権利の設定にはなじまない営業秘密といったものの取扱い，さらには，まだ現行の知的財産権でどこまで保護できるかわからないものの，財産的価値を有するようになり始めている遺伝資源，生物資源等が絡んだバイオ関連分野の発明については，既存のTLOの枠内ではどのように対応することになるのかなど，課題はますます多い。[34]

4.3.5　多様化する技術移転の形態　【43.5】

4.3.5.1　ヨーロッパの試み　【43.51】

　大学からの技術移転にはさまざまな課題が多いとはいえ，それらの課題を，多様な形態の技術移転に挑むことによって，解決しようとする試みがあるのも確かである。日本同様に，とくに近年，技術移転の活発化を図ろうとするヨーロッパの大学においては，米国とは違う形態の技術移転も出現しつつある。国家の規模も小さく，大学の技術の幅も限定されている欧州諸国の大学

の試みは，日本の大学の今後の技術移転活動においても大きな示唆を与えるものが多いと思われる。

まず挙げられるのが，優位性を持つとされる特定の分野を定めて，地域開発局や大学間でコンソーシアムを形成し，地域産業の活性化を図ろうとする試みである。

その一つの例が，ベルギー（フランドル地方），アイルランド，オランダ，西スウェーデンにおいて活動を展開してきたExpertである。ここでは，4つの地域の協力の下に，中小企業の需要に焦点を当て，地域の産学リエゾンオフィスILO（各大学のIndustrial Liaison Office）―地域開発庁（公社）（RDA：Regional Development Agency）[35]の垂直的ネットワークを利用した多国籍的なコンソーシアムが形成されている。[36]

そして，Expertがとくに重点を置く3分野が，新素材，電子機器，環境工学であり，各技術のディレクトリーとデータベースが構築され，4つの地域の技術移転は，国際的な技術移転活動に統合されることになっている。

そして，大変興味深い点は，Expertの活動圏に所在していながらも，その優位とする技術等の諸条件により，このコンソーシアムに参画する大学とそうでない大学が存在する点である。たとえば，オランダのデルフト大学は，このコンソーシアムのメンバーであるが，アムステルダム大学は，メンバーではない。しかし，一方で，アムステルダム大学は英国の民間の技術移転会社であるBTG（British Technology Group）[37]を通しての技術移転に積極的である。このように，独自のTLOを有していない大学が民間の技術移転会社を通して，技術移転を行う例は，ヨーロッパにおいては珍しくない状況のようである。さらに，コピーマート名城研究所「大学における知的財産権研究プロジェクト」の研究チームがBTGを訪問して聞き取りを行ったところ，すでに独自のTLOを有する欧州の有名大学にあっても，より効率的な技術移転のために，BTG等の民間の移転会社を積極的に活用する例があることもわかった。つまり，ヨーロッパの大学にあっては，技術移転において，ときとしては，TLOを通して，また，ときとしてはコンソーシアム，さらに

4.3 技術移転とコピーマート

は既存の民間の移転会社を通して，その優位性を発揮するための多様な選択肢を備えているのが実情である。

次に北欧の例を少しみてみよう。前述の「大学における知的財産権研究プロジェクト」の2002年度事業において調査を行ったフィンランドやスウェーデンでも，それぞれに特色ある技術移転の戦略を進めている。フィンランドにおいては，職務発明法において，企業の従業員の発明が企業に帰属する要件等について定めているが，大学の教員については適用が除外されており[38]，大学教員の発明は，当事者間で別段の合意がない限り，発明者個人に帰属することとなる。大学教員への発明に関する権利の帰属に関しては，スウェーデンも同様の制度となっている。しかし，この点については，発明の活用の促進という観点からすれば，大学が権利を有するとともにリスクをも同時に負うことにするほうがよいのではないかという意見も存在している。特許庁では，中小企業の知的財産活用を促進するためのさまざまなサービスを行っている[39]が，一方で，産学官の連携においては，EU統合の動きとも相まって，活動主体としては，中央政府のみならず地方自治体の果たす役割に大きな期待が寄せられていると同時に，生み出された成果の活用面においては，グローバルな展開を図っている。知的財産活用に関して，注目すべき点としては，人材育成の重視が挙げられる。すなわち，第1に，特許庁が中小企業や大学を積極的に対象とした知的財産に関するオンライン啓蒙プログラムを公開していること[40]，第2に，大学における知的財産や知的財産権に関する講座の開設が着実に成果を上げていることを指摘できる。早くから知財教育に取り組んできた大学においては，その大学から出たスピンオフ企業が他大学発のスピンオフ企業よりも，自社の技術に関する特許を確実に取得する傾向が強いこと，そして，特許の取得と企業の成功度との間には弱いとはいえ，正の相関性が見受けられることが判明している[41]。すなわち，知的財産の専門家それ自体の重要性とは別に，スピンオフ企業を設立する技術者自身が知的財産に関する必要十分な知識を得る機会を設けるという形での人材育成がきわめて重要なのである。

コピーマートの片隅 ⑥　BTG（British Technology Group）と大学の新たな関係

　BTG設立の経緯には，ペニシリンという医薬の開発をめぐって英国が学んだ教訓が大きく関わっている。ペニシリンは，英国の殺菌学者が，英国政府の助成を受けて，青カビの殺菌能力に着目して開発を始めた物質である。しかし，結局，ペニシリンの発見にはこぎつけたものの，医薬品開発の研究としては完成せず，また，特許取得の手続きをも怠っていたため（逆に，他の研究者が未完に終わった研究成果を継承できるよう，希望者に対しては積極的にペニシリンの無償供与を行ったといわれている），英国においてはペニシリンの特許は成立しなかった。しかし，その開発は，米国に渡った別の英国人科学者によって完成され，米国企業によって特許が取得される結果となってしまった。第二次世界大戦中には，米国企業が世界中で，ペニシリンの生産技術に関する特許を取得したため，英国は，かつて英国政府が助成していた発明の成果について，使用料を支払わなければならないという事態になってしまった。

　また，同時に，第二次世界大戦中には航空機や軍需製品に関する技術をはじめとする多数の革新的な技術が大学で開発されていた。ペニシリン開発をめぐる教訓，そして，第二次大戦中に大学で開発された技術の有効な活用のための大学と産業界の連携を目指して，英国では，1948年，発明開発法が制定され，翌年には，英国における発明の推進と特許管理を行うための国営の会社であるNational Research Development Corp（NRDC）が設立された。

　1970年代には，経営不振の企業を支援するNational Enterprise Board（NEB）という国営の会社があったが，民営化を推進するサッチャー政権のもとでは，市場を歪めるとされたNEBの存在価値がなくなってしまった。そこで，NEBとNRDCが合併してBritish Technology Group（BTG）が誕生し，それと同時に民営化へのステップが開始された。BTGは1992年に民営化され，1995年には上場された。

　BTGの業務は，有望な技術を見いだし，発展させ，商業化して新しいマーケットを形成するところにある。新規技術を徹底的に調査し，当該技術に関して特許等の知的財産権を取得できると判断した場合はその技術に投資を行う。その技術が成功した場合は投資額の何倍ものリターンがあるが，そうでない場合は無駄になるため，

多額の費用を要する特許取得はリスクの高い投資である。成功率は大体10％～25％であるという。ここでの重要な戦略は，扱う特許を1件のみに絞ると，訴訟などが起きた場合は直ちに破産の憂き目をみることになるため，複数の特許（特許のポートフォリオ）に基づいて業務を行い，リスクを分散させることである。特許を取得できたら，次の段階として，その特許を発展させて収入の確保を図り，その利益をクライアントに還元している。保有する特許および出願済みの特許件数の合計は4,800件，ライセンス契約の実績は290件にも上る。BTGの収入源であるライセンス収入は74％がアメリカ企業からのものであり，続いて19％がヨーロッパ，その他からが1％の収入である。オフィスは，ロンドン，フィラデルフィア，東京にある。

　BTGは，ライセンス供与した技術に依存して安穏としているのではなく，常に新しい技術を育てているのだと世間に示すことが非常に重要なことであるとの認識を持っている。そのため，新規ライセンス契約による使用料，技術開発の進捗状況，新規契約による収入などを常に公表し続けている。

　BTGの前身であるNRDC設立の経緯もあり，10年前までは，移転対象としての技術の約90％は大学から入手していたが，現在は，大学発の技術と民間からの技術との比率は約50％ずつになっているという。つまり，大学への投資は次第に減少しているということである。その理由としては，企業の研究開発形態の転換，つまり大企業といえどもラボの減少によって自社開発技術が減少し，企業間の技術移転が活発になってきたということと，一方で，大学が企業のニーズに迅速に対応した即戦力となる技術を市場に提供することはやはり難しいということ，また，有名大学が独自にTLOを設立させ始めたことによるものであるという。

　しかしながら，TLOを有している有名大学にあっても，依然としてBTGとの関わりを維持し，BTGを通して技術をイギリスのみならず世界的に移転する大学群が，英国だけでなく，米国においても存在している。TLOと民間の技術移転会社は一見すると競合関係にあるようにみえるものの，長期的にみれば，大学やTLOが自前ですべてのことはできないため，大学と技術移転会社が技術移転業務をそれぞれ分担して補完するという連携関係はますます進むかもしれない。

（山名美加）

4.3.5.2 インターネット上の知的財産権流通市場 【43.52】

　技術移転形態の多様化とともに，近年，インターネット上で特許等の知的財産権の流通市場を運営する欧米企業の活躍も目立ち始めた。従来，日本においても，経済産業省の外郭団体で，中小企業の特許流通を支援している㈶日本テクノマートが，日本において最大規模の特許のデータベースである「特許流通データベース」[42]および会員制をとる技術取引市場（テクノマート）を併設し，それらをインターネット上で公開して運営してきた。[43]しかし，近年では，実に多様な知的財産のe-market placesが割拠する米国の中でも有力な会社が，日本にも法人を設立したり，サイトを開設する動きが加速している。PATEXやyet2.com等がその例である。

　PATEXは，Information Holding Inc.（IHI）とBTGが，日系の技術移転会社と提携し，2000年1月から開設したものである。

　PATEXにおいては，会費は無料とされているが，特許の販売を希望する企業等が特許情報を掲載するにあたっては，年間950ドルの登録料が必要となる。また，売買が成立した場合には，同社の規定に従い，たとえば5万ド

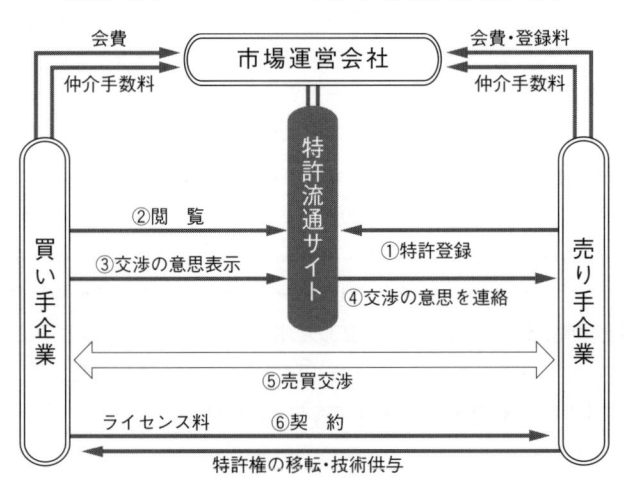

■図表4-3-8　インターネット上の特許流通市場の仕組み

（日本経済新聞2000年1月29日付の記事をもとに作成）

ルまでの契約であれば5％ずつというように，売主と買主は，仲介手数料をPATEXに支払わなければならない。[44] 同社のサイト上では，実用化に必要な期間の目安や，日本市場に限定した情報等も提供されているが，価格は売主と買主が原則的には直接交渉して決めることになる。しかし，売買交渉にあたっては，BTGの特許戦略や技術移転の専門家からも随時専門的な支援が受けられるシステムになっているという。現在PATEXには1万6,272件の登録があるとされるが，PATEXは，企業だけでなく大学に対してもその市場開拓に着手し始めているようである。

一方，デュポン等，米国の大手企業により設立されたyet2.comも2000年9月に日本法人を設立するに至っている。その設立メンバーには，NTT，大日本印刷，デンソー，花王，NEC，大阪ガス，三菱重工，日立，トヨタ，東芝，東レ，シャープ等の大手企業が名を連ねている。yet2.comのサイトを利用するにあたっては，利用者は会費を納めなければならず（サイトにアクセスして匿名の技術概要を参照する場合は無料），また，そこでの取引が成立した場合においても，取引価格の10％の手数料（最高で5万ドル）を納める義務を負っている。[45]

yet2.comにおいては，各社が販売またはライセンスに出したいと考えている技術のリスト，あるいは必要としている技術のリストを各々同社のフォーマットであるTechPakおよびTechNeedにまとめ上げ，それに対する他社からのアクセスをyet2.comが迅速に仲介して処理し，取引交渉をまとめるという形をとっている。匿名での交渉を希望する場合には，会社名を伏したままで，yet2.comが交渉を行うこともある。[46]

また，米国のPatent & License Exchange（pl-x）も，2000年12月，日本法人pl-xを立ち上げている。2000年9月に米国で開設した知的取引市場には，主に欧米企業の特許等約6,000件が登録されているが，日本でも，会員企業300社を目標とする戦略であるという。同社は，技術の売買交渉に対して直接に関与するのではなく，その代わりに，特許の基準価格を自動的に算定するシステムであるTRRU™：メトリクス[47]や，特許が無効となった場合の損

害を保証する保険制度である自動有効性保険（APVI）[48]，安全に知的財産の取引を決済するサービスであるエスクロウ・サービス[49]等の取引保証サービス[50]をはじめさまざまな付加価値あるサービスをネット上で提供するのを特徴としているが，[51]開設しているサイト，知的財産取引市場（グローバル知的財産マーケット）において利用者が技術の売買を行えるシステムの構築も行っている。

なお，pl-xのシステムの活用はアリゾナ州立大学においても行われている。[52]技術移転が活発なアリゾナ州立大学が2002年1月，同大学の技術を同大学の商標で販売するためのサイトASU Intellectual Property Exchangeを設立するにあたり，基盤としたのも同社のシステムである。つまり，ASU Intellectual Property Exchangeという取引サイトにおいては，pl-xの知的財産の評価，管理，マーケティング用のブラウザベース・ビジネス・プラットフォームであるIPエンター・ソリューション（IPES）が利用されている。このシステム導入において主導的役割を果たしたのが同大学のTLOであるOffice of Technology Collaborations & Licensing（OTC＆L）であるということは興味深い。OTC＆Lは，同大学と産業界の技術移転を促進するべく設立された組織で，同大学が産学連携による共同研究を進めるための支援や，全学を対象とした知的財産関連業務を行っている組織であるが，その組織が積極的にpl-xのシステムを導入し，独自に知的財産取引サイトを開設していくという点は，大学の技術移転の新しい形とみることができる。[53]

4.3.6　知的財産権流通市場と大学　　　　　　　　　　【4.3.6】

以上，現在，日本と関わりの強いネット上の知的財産権流通市場および関連ビジネスを簡単に振り返ってみた。インターネットを介することで，知的財産情報の入手も，また，交渉手続きも格段に迅速かつ容易化が図られることはいうまでもないが，さらに，その市場に，技術移転を促進するようなさ

まざまな付加サービス（知的財産評価システムや，取引保証サービス，出願支援，リスク管理や会計手続きの支援等々）が提供されることで，それらネット上での流通は，より安定した市場としての地位を築く段階に入っているのかもしれない。そして，技術移転の促進に向けて滑走する既存の大学とこれらの流通市場との関わりもますます強いものとなってきている。

　では，大学発の技術は今後，どのような流通・取引形態をとっていくのであろうか。これも，数々の調査を経ての推測ではあるが，方向性としては，一つの流れがみえつつあるように思われる。それは，大学が独自に取引サイトを開設するか，あるいは，複数の大学とともに開設する傾向である。これは，現在のTLOが，財政的にも，人材的にも，大学にとってかなりの負担となってくることから，何とかして経費を抑えつつも，より活発な技術移転を行いたいとの大学の願望からくる流れであろう。つまり優れた知的財産評価システムや，取引保証サービス，出願支援，リスク管理や会計手続き等の支援サービスを取り入れることで，TLO自体が，現在よりもバーチャル化を図りつつも，ネット上で，より安定したグローバルな技術移転を展開することができる時代が来るかもしれない。

　そして，各大学が国境を越えて，技術移転において連携を強めている現状においては，この流通システムは，一つの大学の技術に特化したものである必要はなく，むしろ，関連する技術を有する複数の大学を取り込んだものであるほうが好ましいであろう。たとえば，半導体産業の集積地としての優位性を誇るスコットランドでは，スコットランド開発公社等の支援の下で，システムLSIのオンライン取引システムとしてVCX（Virtual Component Exchange）が稼動しているが[54]，そこでは，スコットランドの名門である4大学[55]がシステムLSIの設計の分野で連携し，人材育成を行っている。つまり，ある特定分野における人材育成，開発，そして，その流通までを射程に入れた技術移転システムがスコットランドでは，すでに動き出しているのである。さらに，VCXはアメリカのカリフォルニア大学サンディエゴ校との間でも，半導体関係の研究開発において，連携活動を行っており，ある技術

をベースとして国境を越えた大学間の連携の萌芽をみることができる。[56] 大学間の連携が，ある特定分野の技術の流通市場と直結する，あるいは特定の流通市場をも生む可能性は，今後ますます高まるだろう。

4.3.7 技術移転とコピーマート　　【43.7】

　以上，名城コピーマート研究所が行ってきた研究成果等を踏まえて，大学からの技術移転形態の実態と問題点，そして，海外の大学の技術移転形態の多様性，さらには，着実に成長してきているインターネット上の知的財産権流通市場と大学との関係について触れてきた。
　だが，ここで振り返ってみると，現在は特許中心とはいえ，TLOの仕組み自体は，著作権取引市場として考案されたコピーマートと構造的には近似していることがわかる。
　しかしながら，すでに指摘したような特許権よりも著作権や集積回路配置権で保護されているコンピュータ・プログラムや集積回路といった分野の知

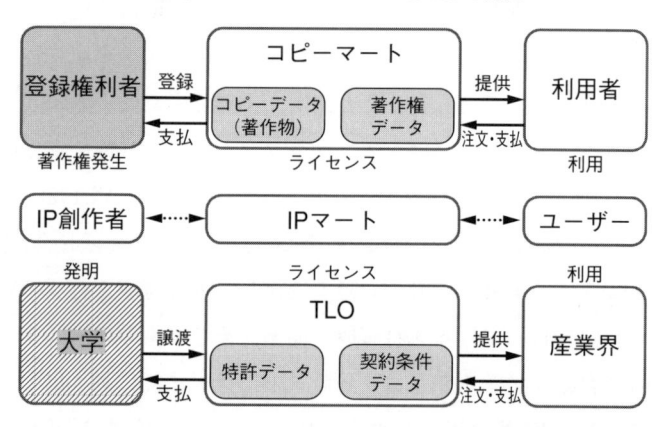

■図表4-3-9　コピーマートとTLOの対比

渡辺久士名古屋大学教授作成

（出所：コピーマートシンポジウム　於ベルリン日独センター　2002年9月5日配布資料）

4.3 技術移転とコピーマート

的財産は，特許中心型に考えられた既存のTLOや特許流通市場の枠組みでは対応しきれない。まして，現行法上の知的財産類型との関係さえ定かではない最先端の技術にあっては，既存のTLOではほとんど取り扱えないのではないかと思われる。さらに，その技術に関わる文献や契約書，規約のモデル等，技術移転や研究開発をさらに促進させるための著作物の流通を促すことも，既存のTLOの枠組みにおいては，厄介なことであろう。[57] そこで，コピーマートを応用した技術移転モデルを考えてみると，そこには，現在のTLOではまだ明確に課題化されていない問題への対処も含めて，新たな技術移転のあり方がみえてくる。

つまり，コピーマートの応用モデルでは，技術に関わる文献，契約書のモデル等の著作物が権利処理されて提供されることはもちろんであるが，そこでは著作権や特許権だけでなく，トレードシークレット，さらには，既存の知的財産権法の枠組みだけでは十分に保護が図れないDNAチップやシステムLSI等の新しい領域の「知的財産」の取引，つまり，知的財産権ビジネスないしは知的財産権を含む知的財産ビジネスがその射程に置かれている。そして，具体的には，知的財産権の売買，ライセンスからそれらに関する情報の提供（知的財産権の卵を集めた情報のパッケージ）までもが取引の対象として構想される。[58]

たとえば，DNAチップについて具体的に考えてみると，トランジスタのようにチップ上に集積されたDNAからは，研究開発次第で特許発明が生まれる可能性があるため，そのチップ自体はまだ知的財産権としての価値は有していないとしても，ビジネスにとり魅力ある情報パッケージとなる。[59] そして，それは1対1の取引にとどまるのではなく，そのDNAチップを購入した顧客のビジネスをまとめたコンソーシアムが形成され，そのDNAチップから優れた知的財産権が誕生すれば，コンソーシアムの構成員には第三者よりも利用上の優先的な地位が保証されるような取引条件が考えられる。つまり，コピーマートから構想される技術移転においては，先行型のパテントプールのような契約類型，知的財産先行型の契約類型が見込まれている。[60]

元来，大学の技術は，総じて萌芽的なものが多く，とくに，バイオや設計資産といった分野になれば，ことさらその傾向は強くなる。そのような萌芽的な技術の場合，ある技術を流通市場にのせてライセンサを求めたところで，効果的な技術移転が期待できるとは限らない。また，その都度ごと，一度一度の取引，売買を重視する民間の技術移転会社およびそうした技術移転会社の開設する既存の流通市場に対しては，多くの大学が参画しにくいことも事実であろう。

しかし，優れた技術のシーズは，大学に数多く存在している。知的財産権の売買，ライセンスだけでなく，それらに関する情報の提供（知的財産権の卵を集めた情報のパッケージ）までを幅広く取引の対象とするコピーマートの応用モデルが確立できれば，つまり，上述したような知的財産先行型のコピーマートを使ってのオンライン化による技術移転システムが構築されるのであれば，TLO は「大学」という研究の場から生まれるさまざまな可能性によりいっそう適切に対応した技術移転の形態を提示できるのではないだろうか。

そして，技術移転システムにおいてもとくに重要性が指摘されている人材育成のあり方についても，コピーマートモデルが提示できることがある。すでに第3章でコピーマート名城研究所が実践しているコピーマートの法学教育への応用について述べたが，技術移転の要となる知的財産分野においても，コピーマートの教育システムは有用であろう。すでに，高等研においては，技術とともに知的財産の専門家を養成する事業，「共同研究の法モデル」が企画中であるが，その中でもコピーマートの教育システムが利用される予定である。[61]

コピーマートの片隅 ⑦ 　「対談：先端技術と知的財産保護」

小野　私共の理解では，著作権者はコピーマートに自分の著作物とその提供条件を登録し，コピーマートはコンテンツと契約の形態を同時に提供して，ユーザーはその条件を見て，その条件に満足できたらコンテンツのコピーを利用することが出来る，ということだと思います。いまインターネット上で，ソフトウェアを無料又は有料でダウンロードできるホームページがありますが，有料でソフトウェアを提供するというのはコピーマートの流れから言うと同じような考え方ということでよろしいのでしょうか。

北川　コピーマートの構造についてはご理解なさっているとおりです。権利者がライセンスの条件を提示する場ですので，条件には有料・無料を含みますのでソフトウェアについてフリーウェアやシェアウェアによる利用許諾条件も含みます。
　ただ基本的に異なるのは，コピーマートは著作物の部分利用もモデルとしては考えています。著作物の可分性という難しい問題がありますが，マルチメディアにおける多様な著作物の多重利用を念頭に考えますと，この問題は興味があります。そこではかかる部分ライセンスに区分けされた著作情報単位を私は「知識ユニット」と言っています。
　さらにコピーマートはインターネット上のソフトウェア提供サイトとその仕組みは似ていますが，コピーマートでは著作物を総合的に扱うことも想定しているために，著作物を組み合わせた場合の権利処理やコストの試算の手間を大幅に省くことができるというメリットがあります。例えば先ほどお話ししたシステムLSIのIPを例として説明しますと，半導体製造業者がそれぞれ権利者の異なるCPUやメモリ等を複合してシステムLSIを設計しようとする際に，個々の権利者から使用許諾を得る契約を結んだりするのは大変ですが，CPUやメモリのIPをコピーマートに登録したコピーマートがあれば，そういった労力を軽減出来るわけです。
　かように考えるとコピーマート・モデルは特許権等を含むIPの取引市場にも応用可能です。最初は著作権を対象に考えていましたけれども枠を広げて権利許諾や情報提供条項を取り込んだ「情報取引市場」であると考えています。

(北川善太郎・小野新次郎，「特技懇」206号，1997年7月)

4.4 設計資産（IP）コピーマート 【44.】

4.4.1 設計資産（IP）とは 【44.1】

2002年6月に発表された，㈱電気通信事業者協会の公表速報値によると，わが国での移動電話（携帯電話とPHSの合計）の加入数は7,590万件で普及率は59.6％に及ぶとしている[62]。急速な携帯電話の伸びは，わが国や先進国特有の現象ではなく，開発途上国においても同様の現象があらわれている[63]。携帯電話は1996年度頃より急激に普及したビジネス分野であるが，実はそこで使われている電子部品の存在がこのような変化の激しいITビジネスを可能としているのである。携帯電話はコンピュータ以上に本体を縮小し，その中にさまざまな機能を一つにまとめなければならない。国民の半数以上が保有している携帯電話には，多種多様な電子部品がチップとして組み込まれ消費者の多様なニーズに対応した機能を実現している。たとえば，プログラム・データ保存用のフラッシュメモリ，静止画像や動画をカラーで表示する液晶表示システムや携帯電話の信号の処理や音声圧縮のためのディジタル・シグナル・プロセッサー（DSP）などがあり，これらがポケットにすっぽり収まるサイズの携帯電話の中に格納されている。

このようにチップとして組み込まれている主な電子部品[64]がLSI（Large Scale Integration：大規模集積回路）である。システムLSI[65]とは，これまで1枚のプリント基板上に複数のIC（Integrated Circuit）やLSIを載せて実装

してきた電子回路システムを，1つのLSIのチップ上に集積して実現するLSIのことである。これによって，1970年代には両手で持たなければならないほど大きな電子回路が，現在では1センチ四方大のチップで同じ機能が実現できるようになった。そして，このシステムLSIは，さまざまな機能が組み込まれており，これを半導体産業においては，機能ブロック，IPブロック，モジュール，IPコア，SIP（シリコンIP），ヴァーチャル・コンポーネント，ヴァーチャル・ソケット，または単にIPなどと呼んでいる。半導体業界でIPとは，「システムLSIを構築する際に，他社（者）との間で流通が行われるLSIの設計データ」と定義されている[66]。これにはさまざまな知的財産（Intellectual Property）が含まれていることから1996年以降，米国のシリコンバレーでIPと呼ばれ始めたとされているが[67]，もともと半導体業界で生成してきた用語であり，実定法上の特定の知的財産を指すものではなく，複数の集積回路を統合している設計資産そのものを保護すべきであるという意味で使われているようである[68]。ここでは，IPや他の業界用語に代わるものとして「設計資産」を用いる。ただし，半導体集積回路製品の設計段階で用いられているソフトIP（機能設計），ファームIP（論理設計）およびハードIP（レイアウト設計）という用語は，業界ではかなり一般的に使われていることもあり「ソフト設計資産」などというとわかりにくくなるため，業界用語を併用してそれぞれ「ソフト設計資産（IP）」「ファーム設計資産（IP）」「ハード設計資産（IP）」とする。

4.4.2 設計資産流通と取引の背景 【4.4.2】

さて，携帯電話や携帯音楽プレイヤーやコンピュータなどは，新技術開発や消費者のニーズの多様性を反映させて毎年続々と新商品が市場に投入される産業である。これらの産業では，市場のニーズに迅速かつタイムリーに対応した製品化こそが他社との差別化を図りビジネス展開で優位性を確保する

ことにつながるため，製品を市場にどれだけ早く出すかが（time-to-market）重要なファクターとなる。複雑な機能を有する設計資産を一から設計し製作する時間や膨大な開発費を投資する余裕はない。設計資産の種類は多様であることと，一つの設計資産を製作するための工数も，たとえばマイクロプロセッサーの設計には1品種につき熟練技術者で100人年近い工数がかかるとされているために，自社の新製品にマッチした設計資産を他社から購入したり，自社やグループ内の設計資産の再利用がよりいっそう重要になってくるのである[69)][70)]。

4.4.3　設計資産流通ビジネスの現状　　　　　　　　【44.3】

　このような状況の中で，内外の半導体業界で設計資産の流通システムが注目を浴びてきている。これまで，システムLSIにおける設計資産は，各企業またはグループ企業内での利用（再利用）が一般的であったが，近年の経済のグローバル化や半導体産業の水平分業化等による市場の多様化と拡大の中でその需要が大きくなってきている[71)]。

　その代表的な取り組みが1998年からスコットランドのシリコングレン（Silicon Glen）[72)]と呼ばれる地域で活動をしているVCX（Virtual Component Exchange）[73)]である。VCXは，スコットランド開発公社（Scottish Enterprise）の戦略的政策として半導体産業のR＆DとシステムLSIの設計資産の有効かつ活発な取引環境を構築することを目的として1998年10月に設立された。基本的なビジネスモデルは，①コンタクト（設計資産とその開発者に関する情報提供），②契約（設計資産の取引契約），③クリアランス（設計資産の監査と権利使用料の徴収），④紛争処理とリスク管理，の4つの機能を有している。米国のケイデンス・デザイン・システムズをはじめ現在では約40社が参加している。VCXは，VCX TradeFloorやTransactionWare™といわれるソフトウェアを使いB to B（business to business）の取引環境をインターネ

ット上で提供しており，参加するためには会員登録が必要となる。複雑な設計資産取引に関して技術や契約の標準化を行うとともに取引にかかるリスクヘッジのために保険の提供も行っている。設計資産プロバイダ（提供者）は，ここでは取引に際しての情報開示段階や取引条件をみずからが決めることができる。VCXは，あくまで取引環境を提供するのみである。

一方，わが国においては，2000年に設立されたIPTC[74]が，設計資産の開発・調達・再利用，商品化，事業化に向けたビジネス展開を進めているが，始まったところでもありその取引規模はまだ小さい。2002年秋より，㈱半導体理工学研究開発センター[75]（STARC）の策定した技術仕様に準拠した設計資産カタログの情報や設計データの流通を目指してデータベースの実運用を始めている[76]。かような状況の中で，2002年7月に315億円の国費を投じてシステムLSI設計技術と90nmプロセス技術の研究・開発会社「先端SoC基盤技術開発（ASPLA）[77]」が設立され，設計資産流通の活発化が進むものと期待されている[78]。

4.4.4　設計資産にかかる法的諸問題　　　【44.4】

設計資産の形態には，ソフト設計資産（IP），ファーム設計資産（IP），ハード設計資産（IP）の3種類がある[79]。「ソフト設計資産（IP）」は，LSIの動作仕様を表す設計データでありハードウェア記述言語[80]（Hardware Description Language：HDL）を用いて記述されることが多い。「ファーム設計資産（IP）」は，一般に論理回路と呼ばれるレベルの設計データである。「ハード設計資産（IP）」は，「トランジスタの配置とその間の配線情報を二次元の図形情報で表したLSIの設計データ」である[81]。一般的にLSIの設計工程で，設計者はLSIの動作仕様をHDLを用いて記述し，このレベルの動作仕様を満たすLSIの論理回路を微細加工技術の制限を考慮しながら，論理和，論理積などの論理回路素子やフリップフロップやメモリといった記憶素

子を用いて構成した後に，レイアウト設計CADを用いてトランジスタの配置とその間の配線情報を表す二次元の図形情報を製作する。

設計資産には，特許権，著作権，半導体集積回路配置権，ノウハウ等のさまざまな知的財産が錯綜している。そして，設計資産が製作されたレベル（上記3つの形態）で生じる知的財産権の問題と，それが利用（再利用）されるレベルで生じる法的問題がある。つまり，設計資産の3つの形態では，特許や著作権などの要件[82]を満たせば法的保護が与えられるが，設計資産は購入したものをそのままの状態で製造プロセスに乗せて製品化できるほど容易なものではなく，また，各社の設計資産を任意に組み合わせるのも無理があるため[83]，カスタマイズやリバースエンジニアリングなどが行われることがあり，設計開発から製品化までのシステムを見据えた上での法的検討を行わなければならないのである。

繰り返しになるが設計資産は主にシステムLSIの電子部品として利用される。そのためたとえば，開発者（X）が開発した設計資産（A）を利用して開発者（Y）が新たな設計資産（A′）を開発した場合や，Yが設計資産（A）以外にもいくつかの設計資産を組み合わせて設計資産（A″）を製作した場合，設計資産（A′）や（A″）の権利はどうなるのか，という問題も関連してくる。設計資産は再利用を前提としており，再利用されて新たに開発や製作された設計資産の権利帰属についての処理メカニズムが必要となる。

また，実際の設計資産取引にかかる実務では，ライセンス契約を締結するまでに秘密保持合意（non disclosure agreement：NDA）を交わすことが一般的である。それにより，取引が成立するまでの期間に，購入者側としては設計資産が購入に値するかどうかをさまざまな角度から評価し最終判断を行うことになる。

このように設計資産は，システムLSIの部品として取引されるため設計開発から製造までの一連の仕組みの中でその取引を捉える必要がある。その際，高度技術が関連するので柔軟な技術サポートシステムが不可欠であり，権利侵害のリスクや法的トラブルへの対応も担保しておかなければならないので，

設計資産取引がきわめて複雑なものであることが容易に理解できよう。

4.4.5 設計資産（IP）コピーマート　　【44.5】

4.4.5.1 設計資産の取引市場　　【44.51】

　設計資産取引にあっては，取引の対象となる権利も，かつまた取引された設計資産の利用も多様であり多岐にわたる。設計資産は，「ソフト設計資産（IP）」，「ファーム設計資産（IP）」，そして「ハード設計資産（IP）」の3つの形態に分けられるが，それぞれにさまざまな知的財産権（著作権，特許権，商標権，ノウハウ等）が関連する。その際，ソフト設計資産（IP）→ファーム設計資産（IP）→ハード設計資産（IP）への変換，それと反対方向への変換もリバースエンジニアリング問題と関連して，対応する権利管理も複雑になることが予想される[84]。

　また設計資産取引は，単に商品を権利者から利用者へ譲渡するという単純な売買で事足りるものでもない。設計資産を組み込んだ製品化にあたっては設計資産の動作保証や取引後も含めた高度な専門技術サポート等が要求されるため，これらを組み込んだ取引システムも重要になってくる。

　ところで現在，わが国においては活発な設計資産取引環境が整備されているとまではいえない（4.4.3参照）。その主な理由として，(1)当事者間の契約に基づいて行われるため必要な情報が十分にオープンになっていないこと，(2)わが国において設計資産プロバイダが少ないこと，(3)わが国における半導体設計教育がいまだ創成期にあること，(4)設計資産の（技術的な）信頼性が設計資産ユーザが安心して利用できるレベルに到達していないこと等が指摘されている[85]。

　今後，半導体産業において設計資産の需要とその市場はよりいっそう拡大することが予想されているが[86]，そこで求められている取引のためのシステムは設計資産にかかる権利保護と流通促進を充足するものでなければならな

い。しかし上述したように設計資産取引に関しては他の商品（たとえばパッケージで販売されているビジネスソフトウェア）のようにショップでの売買で取引が完結する類のものではない。設計資産の設計開発から製品化までを睨んだ上での取引システムが求められており，しかもそれは設計資産ユーザが安心して利用できる，信頼性の高いシステムでなければならない。そのためにはまず，設計資産の技術が未完成であることによって標準化，評価，検証の開発レベルが一定水準に達していないという問題に対応するために，プロバイダとユーザの間で設計資産技術の標準化を推進することにより設計資産の動作を保証するようにしなければならない。現在，設計資産のインターフェイスにかかる標準規約についてはいくつかの団体で検討が行われているが，その中でも最も活発なのが国際的な業界団体であるVSIA（Virtual Socket Interface Alliance）である[87]。技術標準そのものが取引システムそのものに与えるインパクトは大きいものと思われるため，取引の中でそれがいかに扱われるかは重要な問題となってくる。

　それでは，実際に設計資産はどのような形態で流通しているのだろうか。たとえば，VCXで取引の対象としているのは主にハード設計資産（IP）のレベルであるが，より融通性のあるソフトな設計資産も取引対象に考えられている[88]。ところで，設計資産取引においてハード設計資産（IP）というのは，ハードしかないというわけではなく，ソフト設計資産（IP）でもシリコンで動作実績のあるシリコンプルーブン（silicon proven）があるものについては「ハード設計資産（IP）」と捉えられているようである[89]。企業が設計資産を購入する際の選択項目として下記の4つのものが挙げられる[90]。

　(1) 柔軟性
　(2) ポータビリティ
　(3) 移植性
　(4) 成果の予測性

　利用の段階でカスタマイズ対応等でより柔軟性の高い設計資産を求めるならソフト設計資産（IP）になり，高品質の成果を期待するならハード設計資

産（IP）の取引になる。つまりハード設計資産（IP）のレベルだと設計資産に変更を加えることができないので，購入者側の製造プロセスに適応したものを購入しなければならなくなることで比較的動作保証が得られやすいということになる。結局，どのような形態で取引をするかは当事者間で決めることになるが，その選択においてはさまざまなパラメータに依存する試行錯誤を通して行われることになるため，多様性，融通性のある提供形態に対応した利用条件の枠が必要となろう。

4.4.5.2 「設計資産コピーマート」とは　　　　　　　　　　【44.52】

　コピーマートは，そもそも著作権を対象とした取引市場であるが汎用性があるため，設計資産のように複雑な知的財産権が絡む分野にも適用可能である。「設計資産コピーマート」は，設計資産の取引市場を構築するものであるが，その仕組みには前述したように権利処理や技術サポート等の複雑な機能が関連してくる。どの形態のどの設計資産を取引対象とするのか，技術標準や動作保証はどうするのか，という問題に加えて，知的財産の帰属や技術の不具合などの問題に対する紛争処理も絡んでくるだろう。そのため，システムLSIやその部品となる各種「設計資産データベース」と，設計資産の権利保有者，利用条件その他の権利情報を内包した「設計資産権利データベース」とを構築し，これらを基礎とする取引市場である「設計資産コピーマート」をつくり上げることが必要だと思われる。ただし，わが国の設計資産取引市場がまだ十分に整備されているとはいえない現段階であるため，そこまで実現するには少し距離があると思われるので[91]，ここでは設計資産の取引環境整備に向けてより現実的な仕組みである「IPブロック契約コピーマート」について触れることにする。

4.4.5.3 「IPブロック契約コピーマート」[92]　　　　　　　【44.53】

　前述のとおりフルスケールの「設計資産コピーマート」はとくにわが国では現実味を欠くが，内外のグローバルなシステムLSIとそのビジネスに対応

できる体制づくりが必要である。この意味から部分的なコピーマートづくりは現実問題として検討に値する。それが「IPブロック契約コピーマート」である。

コピーマートの機能として，権利保有者と利用者との直接交渉型の取引があるので，当面は，各種の設計資産データベースとそれに準備交渉，機密保持契約に至る契約プログラムのシステムからなるコピーマートはいまからでも開発することは可能であり，また有益であろう。この段階のコピーマートを「IPブロック契約コピーマート」ということにすると，それは以下のような内容となる。

「IPブロック契約コピーマート」では，主なものとして半導体集積回路の設計資産に関するデータ，システム設計やLSI設計の設計資産データ，ソフト設計資産（IP），ファーム設計資産（IP），ハード設計資産（IP）別の設計資産データ等などが，その所在情報から取引情報まで広範にデータベース化されている。それにオンラインでアクセスすることにより既存の設計資産の再利用情報が利用条件とともにそこから得られる。

さらに，そこには設計資産のデータに加えて，システムLSI製作に必要なソフトウェア情報もコピーマート化することになる。

それとともに，単なるディジタル情報のみでなく，このコピーマートでは，関係する集積回路「製品」情報とそれのマーケティングビジネスがオンライン化されている。これは商品やサービスと連動した拡張システムである。

ただ，各種の知的財産権とその取引情報を内包した各種設計資産のコンテンツまではデータベース化されていない状態であるので，目的として利用したい設計資産のコンテンツは，オンライン上では直接交渉方式で契約プログラムを活用して，登録されている権利者と直接交渉が成功すればオンラインで入手することになる。

4.4.6 今後の展望 【44.6】

わが国の半導体産業は,かつては「産業のコメ」と呼ばれわが国の基盤となる産業であった。当時のDRAM (Dynamic Random Access Memory) 中心の少品種大量生産は,現在ではシステムLSIを中心とした多品種少量生産へ移行している。これまでも特定した機能に対応するためにASIC (Application Specific IC) が作り出されてきたが,さらに多様な市場ニーズに対応するためにはより多くの設計資産の設計と流通の環境が整備されなければならない。

このような情勢の中で,世界の半導体産業においては設計と製造の分業化が進展している。システムLSIは電子部品として組み込む設計資産の設計に大きく依存しており,その取引環境が急速に整備されつつある。本稿で触れたスコットランドのVCXはその最先端のものである。今後はわが国においても設計資産流通のための環境整備が急務の課題として注目されてくると想定できるが,その際に問題となってくるのが知的財産権問題である。こうした法律面に対応する仕組みがコピーマートであり,今後の半導体設計資産ビジネスの基盤として活用されることが期待できよう。

4.5
化学物質コピーマート【45.】

4.5.1 化学物質の保存をめぐる現状 【45.1】

　地球上には実にさまざまな物質（もの）が存在する。しかし，その地球上にある物質を構成している元素（原子）は，わずか92種類でしかない。だが，その92種類の原子が結合して，つまり，92種類の原子から2個〜数十万個が選び出されて，結合し，無限の種類の分子となる。それら分子には，地球が創生するときから持っている分子，自然がつくり出す分子，人間が知恵を絞ってつくり出す分子がある。

　アメリカのChemical Abstracts Service（CAS）[93]という組織は，地球上に登場した新しい分子について，全世界8,000種余の化学系雑誌に載る新分子と，世界で特許が取得された化学物質を対象として，その名前と数を登録する制度を確立しているが，CASが2000年9月18日付で登録した分子の数だけでも，2,621万8,384にも及ぶ。[94]さらに，毎日5,000種〜1万種の物質が新しくこの地球上に登場しているともいわれることからも，地球上の物質の数は驚くべきものといえるだろう。[95]

　そして，少なくともそこに登録された化学物質の多く，とくに有意義な化学標本は，おそらく化学系の実験室や資料館に暫しは保存されていると考えられる。しかしながら，時とともに，それらの多くには散逸の危機が訪れているのが現状である。つまり，その物質が，味の素やナイロン，さらにはペ

ニシリンのように利用され，また話題にならない限り，一般の人にとってはまったくといってよいほど，興味の対象とはならない。それは，単なる粉末にしかすぎない場合がほとんどである。

そして，その物質の研究に関わる者が，その研究機関や実験室から去っていく時が来れば，その物質も，散逸・消滅していくのが，化学界の常であった。[96] つまり，装置や器具のように比較的保存がしやすく，展示品としても価値のあるものとは異なり，小さなビンに収められ，整理棚の片隅に並ぶ化学物質の試料は，その物質の研究者でない限り，保存し続けにくい対象だったのである。また，化学物質のデータベース化が進んだことが，物質そのものを保存することに対して，より消極的な傾向を強めたこともあろう。[97] さらに，天災は別として，研究の急速な発展と高度化の流れの中で，基盤となるべき研究組織が統合・廃止されたり，研究室が狭隘化し，整理せざるを得なかったことなどが散逸・消滅の背景にはあるといえよう。もちろん，毒性・分解の問題もあるため，物質試料を受け継いだとしても，安全管理の面からも保管に苦慮するケースもある点は認めざるを得ない。[98]

しかし，時代とともに，化学物質の研究対象，用途は大きく異なってくるものである。多環芳香族炭化水素を例にとってみても，その合成は，20世紀の初頭は，染料としての利用を目的に開始されたものであった。しかし，それは1930年代になると，発癌物質の研究対象として扱われるようになった。そして，1940年代終わりからは，有機半導体の研究対象としてのものとなり，近年では，多環芳香族炭化水素は，星間物質[99]の研究において，大きな重要性を帯びてきている。

そのように時代とともに，研究対象としての意味が変わってくる化学物質ではあるが，すでに述べたように，人間の労力と知力を結集して合成がなされた後は，常に散逸の危機に直面してきた。だが，それら化学物質というものは，いったん，その物質試料が散逸・消滅してしまうと，他の研究者が，記録された合成方法に従っても同じ物質を簡単に再現できるというものでもない。時代とともに，新たな研究の可能性を開花させる化学物質を，単なる

一時の都合で，散逸・消滅させてしまい，後世への研究の可能性を絶ってしまうというのはあまりにも悲しい現実ではないだろうか。

4.5.2 化学物質は文化財 【45.2】

その現実を前に，何とか化学物質を保存・活用する体制の基盤づくりを行いたいということで提唱されたのが，井口洋夫教授（国際高等研究所前副所長，現宇宙開発事業団宇宙環境利用研究システム長）の「化学物質は文化財」構想である。井口教授は，前述した化学物質を取り巻く環境に大変心を痛め，日本の主要大学・研究機関を対象に調査を行われ，保管されている重要標本（試料）に関する主要事項（登録番号，各標本の固有名，組成式，示性式と構造式，名称，状況，色，合成・育成方法，構造データ，特性，文献，所在等）のデータ収集に努められる等，文化財として化学物質を保存・活用する新しい基盤整備の構築を長年にわたって進められてきた第一人者である。

井口教授を本構想に駆り立てたきっかけについては，教授自身が2つの主な理由を挙げている。1つ目は，井口教授が，助手の頃の話であるが，東京大学理学部化学教室赤松秀雄教室（元池田菊苗教授室）の整理棚を整理されている時に，偶然，「具留多味酸」と書かれて無造作に置かれていた小瓶に出会われたことであるという。池田菊苗教授は，明治41年，昆布のだしの「旨味」を研究し，その本体がグルタミン酸というアミノ酸のナトリウム塩であることを発見した偉大な化学者である。その発見に基づいて，現在，全生産量150万tにも及ぶ化学調味料が誕生したわけであるが，井口教授が，整理棚に偶然見つけたもの，それが，実は池田菊苗教授の発見になるグルタミン酸の第一号だったのである。

そのような日本人にとっても歴史的に重要財が，どこかに無造作に眠ったままになっているのではないか，何とかきっちりとした保存体制をつくりたい，そういう切実な思いが，井口教授を文化財としての化学物質を保存・活

■化学調味料第一号——池田菊苗教授によるグルタミン酸

(井口洋夫教授提供)

用する基盤づくりへの構想に駆り立てた。

そして，2つ目の大きな理由として井口教授が挙げているのが，ドイツで縮合多環芳香族化合物の最も多種類を合成した化学者クラール (E. Clar) 博士が亡くなり，同夫人から井口教授に約1,200種の化合物が寄贈されたことにあるという。この寄贈コレクションの中には，合成プロセスの中間物質の同定や宇宙空間に存在する星間分子の研究に役立つ重要な化合物が含まれているが，それとて研究者の代替わりが進めば廃棄されるおそれがないとは限らない。そのため，その貴重な化合物のコレクションをいかに風化させずに，全世界の研究者にその存在を周知させ，その活用を図っていくか。こうして，井口教授の「化学物質は文化財」構想は，具体的な基盤整備のあり方を模索し始めることとなった。[100]

しかしながら，物質標本づくりへの取り組み体制に対する日本の諸機関の反応は，その取扱いの難しさもあって，きわめて脆弱なのが現実であった。また，化学物質の創成の足跡自体，一般的にみても，それと判断できる形態をなしていないことが多く，その存在価値すら軽視されがちであった。だが，一般的には関心の薄い化学物質であっても，化学者が生命をかけ，知恵を結集させてきた創造物であり，一つの化合物が世界を変える可能性を考えれば，関係者は互いに協力し，重要な知識を将来につなげていかなければならない使命がある。そう考えて，井口教授は研究班を組織され，物質標本に関する

現状分析を踏まえて，物質標本の保存・活用に関する具体的な基盤づくりに向けての動きを開始された。[101]

4.5.3 化学物質コピーマートに向けて 【45.3】

そして，井口教授の「化学物質は文化財」構想は，前章で紹介した国際高等研究所におけるコピーマート・プロジェクト（「情報市場における近未来の法モデル」プロジェクト）と融合することで，さらに大きな展開をみることになった。一方で，井口教授の構想との出会いは，コピーマートにとっても，新たな試みへの始まりであったといえる。

著作権とディジタル技術とが共生する著作権取引市場であるコピーマートにおいては，著作権を埋め込んだ著作物（「知識ユニット」）がその流通の単位となっているため，化学合成の文献を，著作権処理し，知識ユニットとしてコピーマートにおいて流通させることができれば，それを利用したいと願う個々の研究者自身が著作権処理に悩むこともなく，安心してさらなる研究の発展に尽せる環境が整うことはいうまでもない。これは，すでに存在する化学物質のデータベースとも大きく異なる点である。

しかしながら，井口教授の提唱する「化学物質は文化財」構想においては，著作物のみならず，化学物質の試料（標本）そのものの保存・活用もきわめて重要性を帯びている。よって，各々の知識ユニットとしての化学合成文献に現物（化学物質の試料）対応までを射程に入れる必要が出てきた。自然科学や技術の分野においては，単に著作物を中心とした取引市場のままでは，著作物の登録者，利用者がその著作物を通して伝えたい本当のニーズには対応しきれない場合があるということは，コピーマートにとって一つの発見であり，また課題でもあった。こうして，著作権処理がなされた文献およびその論文で記された方法によって合成された化学物質の試料そのものをも対応させた世界でも類をみないシステム，「化学物質コピーマート」の構築が井

口教授（当時国際高等研究所副所長）を軸として1999年度より，国際高等研究所において開始された。[102]

4.5.4　多環芳香族炭化水素のコピーマート　　　　　　　　【45.4】

　国際高等研究所の「化学物質コピーマート」は，94種の多環族芳香族炭化水素（PAH：Polycyclic Aromatic Hydrocarbon）を対象としている。その理由は，①物質がきわめて安定していること，②PAHを用いる研究が100年にわたってその研究対象を拡大させているため，それにPAH物質自体を組み合わせることが，最も有効に機能すると考えられること，③PAHの世界的権威でもあるクラール博士夫人が，博士の意思として，その全試料を日本（井口教授）に寄付してくださったことから，試料そのものが日本国内に揃っていること，④日本が多環芳香族炭化水素の研究で，世界を牽引する人材を多数輩出しており，それらの研究者の合成したPAHそのものの保存状況が良いことである。そのため，それらを統合すれば，現物そのものを備えた世界最大の多環芳香族炭化水素のデータベース（94種）がコピーマートの上に実現すると考えられたからである。

　そして，物質合成のさらなる研究に役立てられるように，また，化学を学ぼうとする者に物質合成の醍醐味と面白さを伝えるために，PAH-1とは別に，PAH-1に集約した多環芳香族炭化水素を合成する過程で得られた中間生成物[103]も扱った「化学物質コピーマート」の構築も，2001年度からPAH-2として着手された。

■図表4-5-1　化学物質とコピーマート（ホームページトップ）

化学物質コピーマート
Chemical Substances Copymart

[Tentative version]

【コロネン】

●化学物質は文化財

地球上は様々な物質におおわれている。その数は実に22百万種に及び、毎日5,000種から10,000種の物質が新しく登場している。しかも、その厖大な数の中の僅か一種類が世界を換える（変える）ことがあるのである。ここに多様な物質の面白さがあり、それを研究の対象としているわれわれ化学者の生き甲斐がある。

これを分類登録しているのはアメリカの組織Chemical Abstract Serviceである。しかし残念ながら、分類登録されているものの収集はなされていない。

一方、化学分野の進歩は激しく、物質合成して得た試料（化学物質標本）を保管する手段は殆どなされていない。唯、個人や企業の活動に、任されているのが現状である。

物質合成は、これ程機械化、自動化が進歩しているのに、相変わらず人間の労力と知力を結集してなされているのが現状である。それにもかかわらず、合成された試料は、保存が徹底せず散逸しつつあるのが現状である。

ここでは24百万種もある物質の中から僅かであるが100種の試料を選び、コピーマートシステムに登録した。すなわちその物質の特性とそれを合成する手法を文献として添付し、また対応する試料を石英管中に安全に封入して、必要に応じて貸出可能な体系を作り上げた。

これを物質コピーマートとして（財）国際高等研究所特別研究プロジェクトの一環に加えて戴くこととした。

（財）国際高等研究所副所長
井口　洋夫
（在職期間：1996.12 – 2001.3）

●化学物質コピーマートとは

化学物質コピーマートとは、「コピーマート」の応用モデルの1つである。著作権とディジタル技術とが共生する著作権取引市場である「コピーマート」では、著作権を埋め込んだ著作物（「知識ユニット」）がその流通の単位となっているが、各々の知識ユニットとしての化学合成文献に現物（化学物質そのもの）対応までをも射程に入れた「コピーマート」の構築は、「コピーマート」が具体的な自然科学分野のさらなる発展・応用にも資するモデルであることの表れといえる。化学物質のデータ集は世界でも数多く作られているが、著作権処理がなされた論文及び現物をも対応させたものは世界でも類をみない。情報社会の法的基盤としての法モデルである「コピーマート」の研究は（財）国際高等研究所の特別研究「情報市場における近未来の法モデル」（日本学術振興会「未来開拓学術研究推進事業」）において進められている。(http://www.copymart.gr.jp/)

●PAH-1（94種の多環芳香族炭化水素）コピーマート

化学物質コピーマートの第一陣として多環芳香族炭化水素（PAH:Polycyclic Aromatic Hydrocarbon）を選んだのは次の理由によっている。
第一は物質が極めて安定である。
第二はPAHを用いる研究が100年にわたってその研究対象を拡大しており、更にPAH物質自体を組み合わせたデータ集としては最も有効に機能すると判断した。
第三は世界的PAHの研究者クラール博士夫人が、博士の意志としてその全試料を日本に寄附して下さったことによる。
第四は日本は多環芳香族炭化水素の研究でその牽引車となり得る人材輩出した。また、それら研究者の合成したPAHそのものも保存されている。まずクラール博士の試料を整理してPAH-1として発刊出来れば多環芳香族炭化水素データベースとしても世界の最大のものになり得ると考えたからである。

「クラール博士と私：貴重な資料を受け取って」
井口　洋夫　　　　　F. クラール博士（Mrs. LUCIA CLAR 提供）

（出所：化学物質コピーマートホームページ）

そして，PAH-1,PAH-2ともに，分子構造，化合物名，組成式，著者名，発癌性物質，染料性物質，星間物質という項目ごとの検索画面も整備し，多様な層の利用者の利便も配慮をしている。そして，各々の物質試料そのものは，外径5mm，長さ17cmのNMR管[104]（核磁気測定用石英管）の中に溶液状態で封入された状態で保存されており，化学物資コピーマート研究会の定める利用規程に合致する用途での利用を希望する者に対しては，貸し出される体制になっている。[105]

■図表4-5-2 化学物質とコピーマート（検索画面）

（出所：化学物質コピーマートホームページ）

■図表4-5-3　化学物質とコピーマート（利用法）

化学物質コピーマート
Chemical Substances Copymart

● 利用法について──
このデータベースはクラール博士が合成した94種の多環芳香族炭化水素化合物及び主としてその合成過程で得られた中間化合物120種の化学的性質、合成法に関する参考文献、UVスペクトル、1H-NMRスペクトル、13C-NMERスペクトルを収載したものです。

- 合成法に関する参考文献はPDF化されておりダウンロードできます。
- 収蔵化合物の一覧表を見たい時は上の[化学物質一覧表]ボタンをクリックして下さい。
- 目的の化合物が見つかったらその化合物名をクリックして下さい。物性データを見ることができます。
- また、次のキーワードから化合物を検索することができます。

    1) 分子構造　　… PAH-1／PAH-2
    2) 基本骨格構造　… PAH-1／PAH-2
    3) 化合物名　　… PAH-1／PAH-2
    4) 組 成 式　　… PAH-1／PAH-2
    5) 著 者 名　　… PAH-1／PAH-2
    6) 有機半導体　… PAH-1／PAH-2
    7) 発癌性物質　… PAH-1／PAH-2
    8) 染料性物質　… PAH-1／PAH-2
    9) 星間物質　　… PAH-1／PAH-2

● クラール化合物分類法
　　A：pure
　　B：H付加体
　　C：キノン(＝O)体
　　D：ケトン(－C＝O)体
　　E：COOH基
　　F：OH基
　　G：アルキル基
　　H：ヘテロ原子
　　I：ハロゲン置換
　例えば、
　　1) 6員環6個からなる無置換PAH
　　　　A-60-01
　　　　　通し番号01～　　純縮合
　　　　　　　　　　51～　フェニル基等を含む

（出所：化学物質コピーマートホームページ）

■NMR管（核磁気測定用石英管）に入った多環芳香族炭化水素化合物

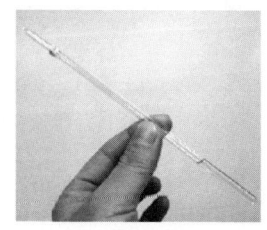

（出所：化学物質コピーマートホームページ）

4.5.5　化学物質コピーマートの広がりに向けて　【45.5】

　各合成論文の収集から，各論文に関する利用許諾を得ること，そして，検索画面の整理等に，かなりの準備を要したため，「化学物質コピーマート」のホームページ公開は当初の予定よりも大幅に遅れてしまった。しかし，このコピーマートを準備中であることを，時折，発表する機会に恵まれたこともあって，まだ，公開前とはいえ，すでに問い合わせがあり，ある種の手ごたえを感じ始めている。これは，裏を返せば，化学界，自然科学界において，権利処理された文献と，現物そのものを対応させ，それらを，ある一定の利用条件の下で自由に利用できるというシステム（コピーマート）が，潜在的なニーズがあるにもかかわらず，現在まで存在してこなかったことによるものといえるのではないだろうか。

　このコピーマートで扱った多環芳香族炭化水素という物質ですら，すでに述べたように，時代とともに，研究対象としての多様性をみせてきた。その他の物質についても，また，その他の自然科学の研究分野においても，おそらく同様のことがいえるのではないだろうか。多様な研究対象の移り変わりを，研究機関の一時的な都合に左右されることなく，受け止め，新たな研究の発展につなげていくというニーズが化学の分野のみならず，他の自然科学の分野にもあるとすれば，「化学物質コピーマート」の示した一つのモデルは，そのような分野にも広がる可能性があるのではないだろうか。

コピーマートの片隅 ⑧ 「クラール博士と私：貴重な試料を受け取って」

　クラール博士は，その一生を多環芳香族化合物の合成に捧げたドイツの有機合成化学者であり，戦争直後英国に移られ，スペインで余生を送られた。その実験的研究は1920年代から60年間に及んでいる。私が多環芳香族化合物の電気伝導度の測定に取り組んだ1940年から1950年にかけて，クラール博士に文献別刷を求めた。送られてきた袋一杯の別刷を同僚の半田隆博士（合成化学），青木淳治博士（合成化学）と歓喜をもって受け取った。当時，両博士は，日本の多環芳香族染料合成の新進気鋭の研究者であった。

　時が流れて，1956年のクリスマス，午後3時で既に夕暮れだった英国グラスゴーの自宅にクラール博士を尋ねた。それから精悍な50歳初めの博士との交遊が始まった。私は30歳。

　その交遊の中で次のようなことがあった。「クラシック音楽が好きな私が，難聴となってしまった。よい補聴器はないだろうか」と，リオンのロッセル塩補聴器を送ると「人生が甦った」と喜びの手紙を受け取った。

　クラール夫人から博士逝去の悲報と一緒に「主人が残した多環芳香族化合物を，あなたに差し上げるのが主人の気持ちだったと思います」という手紙を載いた。

　1988年7月17日，南ヨーロッパの強烈な太陽を一杯に受けたスペイン，マラガに行き，クラール試料を受け取った。その机の上には，使い古された補聴器が置いてあった。

　あの激烈な戦火をかいくぐった芳香族化合物が，ドイツ→英国→スペイン→日本の岡崎に到着したのは7月20日であった。

　そして，人間の智慧から生まれたこの物質が文化財でなくて何であろうかとの思いをしたのは，もう10年も前の話である。

　国際高等研究所で行われている未来開拓学術研究推進事業＊の北川プロジェクト「情報市場における近未来の法モデル」で新生出来たことは，私の喜びを超えている。

　　＊ただし，2002年度においては，文部科学省の「未来開拓学術研究費補助金」事業

クラール先生ご夫妻写真

井口洋夫（2002.7.1）

4.6
行政情報コピーマート【46.】

4.6.1 背 景 【46.1】

　現在，社会における情報技術（IT）の浸透に伴って，国や地方公共団体にも電子化の波が押し寄せてきている。官報[106]や登記簿[107]，特許の公報類[108]などのオンライン化は相当程度進んでいる。このほど導入された住民基本台帳ネットワークシステム（住基ネット）もその好例であろう[109]。

　行政情報の電子化は，縦割り行政の問題を解消し行政サービスを向上させるために有効な対応策の一つである。部署や地域の壁を越えて，国民と向かい合う「行政」として一体的なサービスを提供するためには，行政活動の中で必要とされるさまざまな文書を電子アーカイブ化して行政機関相互による利用を可能にすることが望ましい。

　また，行政情報の公開との関係もある。たとえばダムの建設計画や公害地域の環境調査結果など，行政過程の中で生成される文書の情報公開にあたり，それらが電子化され，必要に応じて広く開示されるような仕組みは，今後の積極的な電子政府を考える上で不可欠となっていくだろう（4.6.5を参照）。

　他方，行政情報の電子化にはさまざまなマイナスの問題もつきまとう。たとえば，行政の中では，国民のプライバシーに関連する情報も，多数取り扱われている。それらが電子化され，オンライン化されると，当然のことながらプライバシーの侵害が起こらないよう配慮がなされなければならない[110]。

行政情報のアーカイブ化にあたっては，目的外での不当な情報利用を抑止するという観点も重要になってくる。

4.6.2　e-Japan戦略と行政アーカイブ　【46.2】

　政府は，21世紀を迎えるにあたって，すべての国民が情報技術（IT）を積極的に活用し，かつその恩恵を最大限に享受できる知識創発型社会の実現に向けて，早急に革命的かつ現実的な対応を行わなければならない，とするIT基本戦略を2000年11月27日に打ち出した。そして，2001年1月には「e-Japan戦略」が決定され，同年3月に「e-Japan重点計画」として具体的方策が決定された[111]。その後，同年6月に決定された「e-Japan2002プログラム」[112]では，高度情報通信ネットワーク社会の実現のために，とくに重点的に施策を講ずべき以下の5分野が指定された。

(1)　高速・超高速インターネットの普及の推進
(2)　教育の情報化・人材育成の強化
(3)　ネットワークコンテンツの充実
(4)　電子政府・電子自治体の着実な推進
(5)　国際的な取組の強化

　行政におけるアーカイブ構想に関しては，上記(2)教育の情報化・人材育成の強化，(3)ネットワークコンテンツの充実，(4)電子政府・電子自治体の着実な推進，において情報基盤としてのアーカイブの機能と必要性が強調されている。

　かような行政アーカイブの流通システムを検討するため，㈶未来工学研究所が「アーカイブに関する研究会」（座長：北川善太郎）をつくり，多角的観点から行った研究の成果として報告書をとりまとめた[113]。その中で政府系アーカイブ構築に関する10項目の提言がなされ，その3項および4項で行政アーカイブ構築のための「共通モデル」としてのコピーマートが提案

■図表4-6-1 政府系アーカイブ構築に関する10項目の提言

（基本認識）
1. 政府が保有する情報（以下，政府系コンテンツ）については，国民全体が共有する財産であるという観点から，広く国民がこれを享受できるような環境を整備していくことが望まれる。

（環境整備に対する課題）
2. そのような観点から，政府系コンテンツの円滑な流通環境を整備する必要がある。そのためには，政府系コンテンツのデジタル化の推進をはじめとして，情報公開法の遵守，著作権などの権利関係の明確化，課金体制，改竄防止などのセキュリティ対策，苦情処理対策などを講じておく必要がある。

（共通モデルの必要性）
3. まず，一般の著作物と同様のルールにのっとった制作・加工・配信・利用のための手段（ハードウェアおよびソフト）と環境を整備する。そのために必要な技術や社会的仕組みを積極的に研究開発・導入して，政府系コンテンツの円滑な流通を実現するための「共通モデル」を構築していくべきである（「コピーマート」，情報のカプセル化など）。

（共通モデルに基づく各種サブシステムの構築）
4. つぎに，政府系コンテンツの類型に対応したバリエーションを「共通モデル」のサブシステムとして構築することが必要になる。

（自治体系コンテンツの整備）
5. 政府系コンテンツ流通の整備と緊密な連携を図りながら，自治体などが保有する情報（以下，自治体コンテンツ）の流通については，地域住民，事業者などがこれを活用できるような環境を整備していくべきである。

（教育コンテンツの整備）
6. 政府系コンテンツのうち，学校教育や生涯教育などにおける教材として活用できるものについては，デジタルアーカイブ化を図り，インターネットなどを通じて普及を促進する。

（利便性向上への対応）
7. その際，各省庁や各分野に分散する政府系コンテンツを，利用者が目的に応じて体系的かつ効率よく利用できるような，「政府系コンテンツ・ポータルサイト」や「政府系コンテンツ・クリアリングハウス」などの開設，さらには統一された方針と手順によって利用できる流通（配信・発行）システムを構築する必要がある。

（グローバル化への対応）
8. グローバル化が進展する中で，政府系コンテンツの日本からの発信，あるいは日本発固有の文化財産を世界に広く流通させるという観点から，必要に応じて，政府系コンテンツの多言語化，貴重資料などのデジタル化・ネットワーク化を促進していくべきである。

（メディア多様化への対応）
9. 政府・自治体・公共機関などが保有する映像，音声などのコンテンツについては，マルチメディア対応の保存・流通環境について総合的に検討していくべきである。

（公的資金投入の必要性）
10. 政府系コンテンツのうち，国民共通の文化財としての性格が強いものは，保存・流通などにあたり，公的資金など（税金，公的基金，寄付金など）を活用して整備すべきである。

されている[114]。

4.6.3 行政アーカイブのコンテンツ 【46.3】

　行政アーカイブのコンテンツは多岐にわたる。たとえば，行政機関内部で使用される調査や政策に関する報告書類，白書，官報，政府刊行物，統計資料など広く公表されることが想定されているものから，安全保障上の理由などで機密扱いとされている機密資料や歴史文書，外交資料などの歴史的文書がある。これらの文書や資料などは，省庁の各部局や財務省印刷局，国会図書館，国立公文書館，外交史料館，公共図書館，大学図書館などさまざまな場所で保存されているのが現状である[115]。

　前述したとおり，わが国の行政関係のコンテンツは，総務省の電子政府の総合窓口（http://www.e-gov.go.jp/）が全省庁のホームページの情報，各種情報案内や法令データなどをインターネットで検索可能とし提供しているほか，各省庁においても個別にホームページを立ち上げて情報公開を行っている[116]。

　しかし，総務省の総合窓口にしても基本的には省庁間のリンクを張っているだけであり，各省庁においても資料などを網羅的・体系的に収集し蓄積を行っているわけではないことから，クロスレファレンスの機能などが十分に整備されておらず効率的な検索や情報提供ができているとはいえない，複数の行政組織が同一の文書や資料を重複して収集・蓄積している場合もあり非効率的である，などの指摘がされている[117]。

　このような状況のため，行政アーカイブの構築と効率の良いサービス提供を行うためには，これらの諸問題をコンテンツ，サービス，システムの3つの分野において整理をした上で解決策を講じなければならない。

■図表4-6-2　電子文書の流れの概要

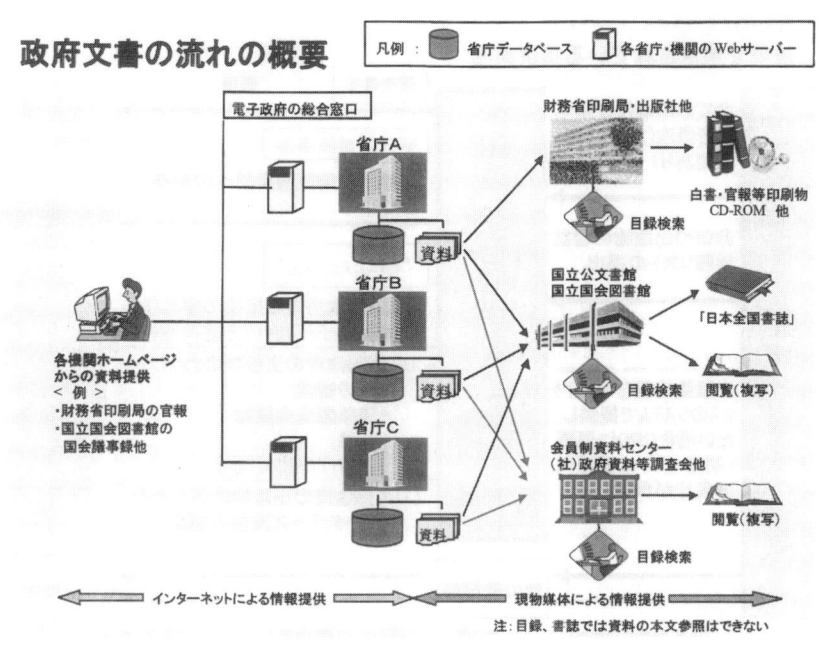

（出典：『アーカイブに関する研究報告書』（（財）未来工学研究所））

4.6.4 共通モデルとしての「行政情報コピーマート」　【46.4】

　e-Japanが目指す21世紀の「知識創発型社会」の展開は，過去および現在の知的資産の「創造的継承」と「多角的利用」が可能となる社会システムでなければならないとされている。このような観点から，行政アーカイブにおいては，行政，文化，教育，学術，産業などの多様な分野において構築されたコンテンツが流通することが求められることとなり，そのためにはある一定のルールに基づいて制作から提供および利用までを可能とするシステムが不可欠となる。政府関係のコンテンツといっても前述のように多種多様である。中には法令や裁判所の判決などのように著作権の対象外であるものもあ

るし，情報公開やプライバシーとの関係にも配慮しなければならない[118]。

　行政アーカイブは保存型のものもあれば，一般への提供を主とする提供型のものもあり，その形態は一様ではない。さらに，著作権や所有権などの権利処理，情報公開やプライバシー保護のルール遵守のような法制上の「壁」をどのようにIT（情報技術）システムに取り込むか，という問題がある。そのため，「何もなければそこに戻る共通モデル」（ソフトウェアでいう「ディフォルト・ルール」）がそのような課題を解く有力な手がかりになるものと考えられる[119]。そのような特徴を持つ「行政アーカイブ」にとって，コピーマートの考え方は親和的であり，前述のとおり「アーカイブに関する研究会」は「共通モデル」としてコピーマートを提案している。

　「何かあればそのために準備され付加された別システムが動くが，何もなければそこに戻る共通モデル」としての「行政情報コピーマート」の構築・整備のために検討すべき項目として下記のものが挙げられる[120]。

(1) コンテンツに関する項目
　(ア) 情報発生時点からのディジタル化
　(イ) 既存コンテンツの電子化費用
　(ウ) 省庁横断的なフォーマットの統一
　(エ) 保存方法の検討
　(オ) 情報／資料の評価
　(カ) 保存／廃棄基準の設定
　(キ) 所在情報の管理
(2) サービスに関する項目
　(ク) オープンな利用環境の整備
　(ケ) 一般利用者の利便性向上
　(コ) 情報提供サービスの有償／無償の在り方の検討
　(サ) プライバシーへの配慮
　(シ) 情報収集加工や調査支援ニーズへの対応

(ス)　潜在利用層の掘り起こし

　(セ)　情報の多言語化

(3)　システムに関する項目

　(ソ)　カタロギングの自動化

　(タ)　原本性の保証

　(チ)　著作権管理・著作権保護技術

　(ツ)　検索システムの高度化

　(テ)　ユーザインターフェイスの改善とバリアフリー化

　(ト)　多言語対応

(4)　法律に関する項目

　(ナ)　著作権管理と運用，著作権保護

　(ニ)　情報公開の可否評価メカニズムの明確化

　ここで重要なのは，行政コンテンツの流通に際しては，さまざまな行政コンテンツごとに流通モデルを策定するのではなく，基本的には上記の検討項目をすべて含むような「共通モデル」をディフォルト・モデルとして構築し，コンテンツの特性や属性に応じて各項目をチェックしていくのが現実的であるだろう。

　たとえば，複雑な著作権などの権利関係を解決するために共通モデルを策定し，そのサブセットとしてそれぞれの行政コンテンツの支援システムを設けることで比較的容易にいろいろな種類の行政コンテンツをシステム化することが可能となる。

　たとえば**図表4-6-3**では，行政コンテンツの情報公開のタイプによって対応する項目が異なることになるが，基本的な項目は同一モデル上で扱われている。ここで，著作権，原本性，課金体系，苦情処理などの項目は，行政コンテンツ特有のものではなく，他の一般的分野におけるコンテンツと同様であることを認識した上で，それぞれをサブシステムとして行政コンテンツに特有の諸項目に取り組むことが重要である。

■図表4-6-3　行政文書のタイプと共通項目の関係

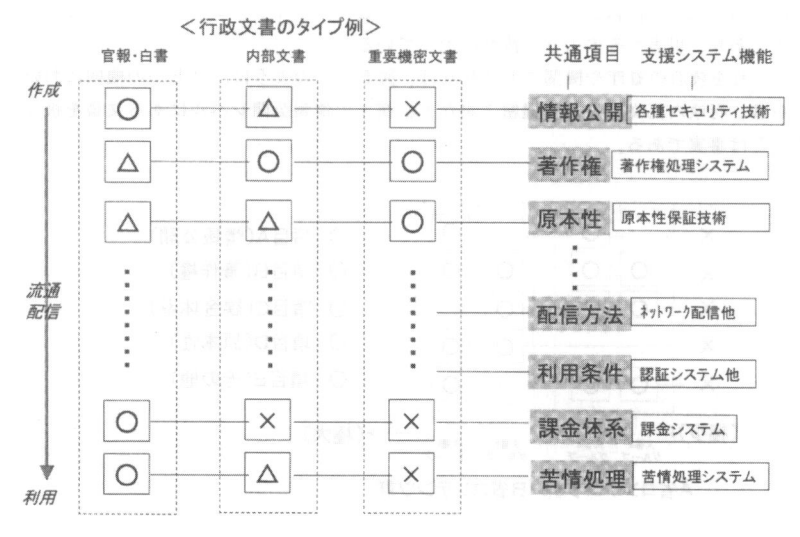

＜行政文書のタイプ例＞			共通項目	支援システム機能
官報・白書	内部文書	重要機密文書		
○	△	×	情報公開	各種セキュリティ技術
△	○	○	著作権	著作権処理システム
△	△	○	原本性	原本性保証技術
…	…	…	配信方法	ネットワーク配信他
…	…	…	利用条件	認証システム他
○	×	×	課金体系	課金システム
○	△	×	苦情処理	苦情処理システム

（作成→流通配信→利用）

（出典：『アーカイブに関する研究報告書』（（財）未来工学研究所））

以下において，そのような二元構造の具体的な例を挙げてみよう。

4.6.5　共通モデルにおける著作権と情報公開との関係　【46.5】

　行政コンテンツに関しては，著作権と「行政機関の保有する情報の公開に関する法律」（平成11年法律第42号，以下「情報公開法」という）との関係がある。行政機関が保有する文書などの中には行政機関自身が著作権を有するものが含まれている。この場合，行政機関が常に複製を拒否していたのでは公開制度の実効性が確保できない。また，他に著作権者がいる場合，文書の著作者の別段の意思表示があるたびにその表示変更を行って開示するのは行政機関の事務処理が煩雑になることなどから，「行政機関の保有する情報の公開に関する法律の施行に伴う関係法律の整備等に関する法律」（平成11年法律第43号）により著作権法が改正され情報公開法との調整規定が設け

られた（公表権，氏名表示権，複製権）[121]。情報公開法は，開示請求された行政文書に不開示情報が含まれていた場合等に限定して開示を拒否できるものとし，著作権との関係で不開示とするのではない[122]。ここでは深くは立ち入らないが，共通モデルの中での対応について例を挙げてみてみよう。

たとえば，県教育委員会に提出された特定動物の生息分布調査報告書やゴルフ場建設予定者の提出した環境影響評価書の複製を行政機関はしてよいか，という問題がある。情報公開法による開示において，これらの文書の複製が「開示するために必要と認められる限度において」許されている[123]。

ここで共通モデルとなるディフォルト・ルールでは，「情報公開法に基づく開示請求に対して「複製をして開示する」」とする。原則的なルールとして開示請求があればコピーをして提供するというものである。しかし，これだけですべてが片付くわけではなく何かあったときのために，次のようなサブシステムが必要となる。一つは，開示請求が限度を超えると行政機関が判断して不開示決定をしたのに対して，開示請求者が不服を申し立てるサブシステムである（不服申立のサブシステム）。次に，著作権者から，限度を超えるのに超えないとして開示した行政機関に対して不服申立を行う場合のサブシステムである[124]。

このようにディフォルト・ルールとサブシステムの二段階構成を用いることで対応が可能となるのである。

4.6.6 行政アーカイブの展望　　【46.6】

行政コンテンツは，各省庁や図書館などの公的機関に保存・蓄積されて利用可能な状態に置かれているものもあるが，その性質や形態によってはそうでないものも多くあることから，利用者が行政コンテンツを体系的にかつ効率的に利用できるような環境整備が望まれている。

ここでは行政アーカイブ構築のための共通モデルとしての「行政情報コピ

ーマート」を紹介したが，これはどちらかというと行政コンテンツ流通のためのプラットフォームであり，その上に利用者（国民）に対する多様なサービスを提供する仕組みを構築しなければならない。それらのサービスには無料であるものも，有料のものもある。また，利用者層を特定したものや，教育目的や多言語サービスが中心のものなどが出てくるかもしれない。これらを含めた「共通モデル」としての「行政アーカイブ」の上で展開する多種多様なサービスが創出されることが望まれる。

[註]

1) 国際高等研究所のコピーマートプロジェクトにおいては，これまで3回のコピーマート応用研究会を開催し，コピーマートの多様な分野への応用について検討してきた。第1回「IT時代の図書館と教育：著作権の役割」（協力　文化庁著作権課，コピーマート名城研究所，2000年12月16日），第2回「システム LSI の設計資産取引に係る法的諸問題」（協力　VCX（Virtual Component Exchange），㈶工業所有権協力センター，2001年1月23日），第3回「IT（情報技術）と出版の近未来像」（㈳日本書籍出版協会との共催，協力　コピーマート名城研究所，㈶比較法研究センター，2001年3月3日）。

2) Z. Kitagawa, "Copymart Business", International Symposium : Copymart : The Product and Its Prospects（於　ベルリン日独センター，2002年9月6日），〈http://www.iias.or.jp/event/event_j_top.html/〉

3) 北川善太郎「著作権制度の未来像と映像コピーマート」（基調講演），㈳日本広告写真家協会法人設立10周年（創立40年）記念　国際デジタルフォトシンポジウム（於　東京都写真美術館ホール，2000年3月11日），㈳日本広告写真家協会『国際デジタルフォトシンポジウムテキストブック』6頁以下（2000年）。

4)「平成13年『通信利用動向調査』の結果」（総務省報道資料，2002年5月21日）〈http://www.johotsusintokei.soumu.go.jp/statistics/data/020521_1.pdf〉

5) これは1997年度末と比較すると約5倍になっている（前掲註4・2頁）。

6) 1997年末の普及率に関する統計によると，企業68.2％，事業所12.3％，世帯6.4％であり世帯での普及率が急激に伸びていることがわかる（前掲註4・1頁）。

7) 福井健策「映画ビッグバンの法的諸問題（2）——日米比較の視点による映画製作・配給システムに関する法的考察」NBL, No.666, 49頁（1999年）。

8) 阿部浩二編著『音楽・映像著作権の研究』150頁（学際図書出版，1998年）。

9) 同上・174頁。

10) 北川善太郎「著作権法100年記念講演会／著作権制度の未来像」コピライト No.465, 7頁（2000年）。

11) ただし，誰か一人が代表としてコピーマートに登録する場合には，当該映像コンテンツにかかる全権利者から利用許諾を得ておくことが前提となる。許諾のない映像コンテンツを流通させることはコピーマートの趣旨に反する（比較法研究センター「デジタルコンテンツに関わる権利問題について」機械振興7月号32-33頁（機械振興協会，2000年））。

12) 映像著作権協議会は，北川善太郎を会長として1999年7月13日に国際文化会館（東京六本木）にて設立総会を開催した。事務所は東京都港区虎ノ門の商船三井ビル2階に設置し，㈱電通，㈱NTTデータ，㈶比較法研究センターが中心となり，権利者団体，制作者・プロダクションなどが参加した。
13) 〈http://www.kantei.go.jp/jp/it/981110kihon.html〉
14) 「eizomart™」は，㈱NTTデータの商標である。ここではNTTデータより提供された資料に基づいて紹介する。
15) 発明誌「産学連携」取材班,「産学連携を考える」発明2001年9月号。
16) 産業基盤整備基金「TLO（技術移転機関）のご案内」パンフレット。
17) 「知的創造サイクル」とは，研究者が研究開発により発明をし（知的創造），その発明で特許権を取得し（権利設定），その権利を活用して事業を行って収益をあげ（権利活用），この収益を用いて新たな研究開発を行う一連のシステムである。(「我が国におけるプロパテント施策の推進と今後重点的に取り組むべき課題」〈http://www.jpo.go.jp/tousi/Rs1_2.htm〉参照)
18) ㈶日本テクノマート制作『工業所有権標準テキスト（流通編）』23頁（発明協会，2001年7月）。
19) 『産業活性化のための特許活用——特許はベンチャービジネスを支援する』29頁（特許庁，1998年）。
20) 承認TLOとは，大学等の教官個人または大学等の特許権を扱う技術移転機関である。
21) 認定TLOとは，大学の国有特許，国研・試験研究機関，独立行政法人所有の特許権を扱う技術移転機関である。
22) ただし，各TLOの設立形態は，株式会社形態のものから，学内組織，財団法人，有限会社とさまざまである。承認TLO一覧については，〈http://www.meti.go.jp/policy/innovation_corp/newpage3.htm〉参照。
23) たとえば，米国で最も古いTLOといわれるウィスコンシン大学のTLOであるWisconsin Alumni Research Foundation（WARF）においても移転に成功している事例は多くない。WARFはウィスコンシン大学の同窓生グループによって設立された非営利の財団であり，H. G. Steenbock教授のビタミンDに関わる発明を特許化して，商業化するために1925年設立され，1927年に最初のライセンスを朝食用のシリアル製造会社に行った。それ以後，この70年間に，ウィスコンシン大学における3,000の発明がWARFに開示され，これらの発明に基づいて，

WARFは1,000以上の米国特許，1,500以上の外国特許を取得し，4億5,000万ドル以上の資金を大学に還元している。しかし，民間にライセンスしたのは，保有する特許のうちの10％にすぎず，わずか10の特許が，1927年以後の特許収入の95％を生み出しているという。(名城大学コピーマート名城研究所『大学における知的財産政策と技術移転契約』43頁（平成12年度特許庁委託事業報告書))

24) 日本経済新聞2000年5月5日付，日経ビジネス2000年10月2日付。

25) 各年度の研究課題は，平成12年度「大学における知的財産政策と技術移転契約のあり方をめぐる総合的検討」，平成13年度「大学における知的財産の総合的管理と流通市場のあり方」，現在遂行中の平成14年度の研究課題は「名城大学における知的財産活用の戦略的構想と技術移転問題の検討」である。

26) 国際シンポジウム「大学における知的財産政策と技術移転契約」(2001年2月2日）における北川善太郎の問題提起参照。(名城大学コピーマート名城研究所・前掲註23・6頁)，同様な趣旨の意見として，ゲノム研究の第一人者である松原謙一国際高等研究所前副所長は言う「……特にアメリカに追いつけ，追い越せ，という掛け声が響いて予算を目当てに沢山の大手企業まで巻き込んでゲノムサミットだとかライフサイエンスサミットなどと騒がしく行事が開かれるのを見ると，私はこんなものではない筈だ，と思います。日本の科学・技術政策の決定に経済の視点が重視されるのは当然としても，重要な問題は賢く考え，良く見通しの立ったプラン作りから出発することを忘れてはならない，と思います。アメリカに追いつけ追い越せとか，いくつ特許を申請したかということにしか興味はないのだ，というコールばかり続けていては結局追いつくことも追い抜くこともできないことは経験の教えるところです。小さなことかも知れませんが，現在経済産業省が我が国の優位分野，と後押しをしているcDNA研究は10年余前に小さく始まって伸びてきたものである事を思い出して欲しいと思います。」(松原謙一『ゲノムの峠道』(高等研選書16) 78-79頁（国際高等研究所，2002年))。

27) 北川善太郎「産学連携とコピーマート」，「発明の日」記念講演配布資料（愛知県産業貿易館，2002年4月18日)。

28) なお，税金については，IRS国税局コード501C3に拠っている。研究部分については非課税であるが，研究以外の部分については課税を受けている。

29) SwRIは，1947年，石油と農場経営で財を築いたThomas Baker Slick Jr.氏によって設立された。第二次世界大戦では，人類の叡智である技術が人類のための平和に利用されなかったことの反省の下，科学と技術の平和利用こそが，すばら

しい世界の創設につながると創設者Slick氏は考え，その理念を結実した研究体制をSwRIにおいて実現しようと試みたという。SwRIは，社長，副社長，11部門の管理副社長からなり，それを統括する組織として役員会と約110の評議員から運営されている。役員会においては，社長，副社長以外の役員は，すべてボランティア（無給）である。

しかし，研究員の就業期間は，20年，30年に及ぶものも少なくなく，全米の研究機関においては，この研究員の雇用期間が終身雇用に近いのは，異例的な存在であるという。研究員にはボーナス等は支給されないが，SwRIの理念と住みやすいSan Antonioの地にも魅せられて優秀な研究員が世界各地から集まるという。

30) ただし，SwRIはSwRI自身の研究プロジェクトの研究成果については，積極的に特許出願を行っている。1999年度の特許出願数は22件，取得特許数は35件である。総計では約600の特許を保有している。研究所内での内部プロジェクトのためには，約500万ドル（約8億円）が1999年度においては拠出されたとのことであった。（名城大学コピーマート名城研究所『大学における知的財産政策と技術移転契約のあり方をめぐる総合的検討』48頁（平成12年度特許庁委託事業，大学における知的財産権研究プロジェクト））

31) なお，SwRIは，バイオ系は生体材料のみで，いわゆる遺伝子組み換え関連，バイオメディカル関連の研究は，直接は行っていない。バイオメディカルについては，別の非営利組織である，Southwest Foundation for Biomedical Researchが研究を行っている。

32) Minimalist Approach（最小限アプローチ）をとる大学としては，ケンブリッジ大学もこのカテゴリーに入ると思われる。ケンブリッジ大学は，大学と企業との共同研究，委託研究から生まれた成果については，大学は権利主張せず，企業が特許を保有することを認める政策である。この政策により，企業がケンブリッジ大学に研究費を投資して，共同研究や委託研究を行うインセンティヴが図られると思われる。（井上茂夫「英国における技術移転機関について」特技懇No.211, 78頁（2000年））

33) この問題に対する指摘として，北川善太郎「コピーマートの応用としての技術移転モデル」，G. T. Staniford, "Development in U.S. University Technology Transfers : A Capitalist Shift", 名城大学コピーマート名城研究所・前掲註23。

34) すべての知的財産が個人有となる場合には問題はないが，特許が原則大学有

註（4章）

となると，とくに情報工学研究室では，半導体ディバイスの特許は大学有になるのに対して，コンピュータ・プログラムは個人有であるというようなアンバランスも生じかねないとの指摘もある。（同上・13頁）現在までは，国立大学については，国からデータベース，プログラムの作成を直接の目的として特別に措置された経費を受けて作成した場合の著作権は国に帰属するが，それ以外は，教官個人に帰属することになっている。

35) イギリスのRDAについては，経済産業省『平成14年版通商白書』112-113頁（2002年）参照。

36) 山名美加「大学における知的財産政策と技術移転契約をめぐる総合的検討――欧米の研究機関の調査報告」名城大学コピーマート名城研究所・前掲註23・49頁以下（平成12年度特許庁委託事業報告書，2001年2月2日）。

37) 名城大学コピーマート名城研究所『大学における知的財産の総合的管理と流通市場のあり方』22頁以下（平成13年度特許庁委託事業成果報告書，2002年3月）。

38) Law on the Right to Employees' Inventions (1967, 1988)，第1条3項。

39) フィンランドにおいては，雇用・経済発展センター（TE-KESKUS: Employment and Economic Development Centers）が，中小企業の技術開発や知的財産活用等を含んだ経営活動の展開に関する支援を行っている。

40) 公開されているプログラムについては，〈http://patent.prh.fi/patrain/index.asp〉参照（ただし，フィンランド語のみ）。

41) D. H. McQueen, "Patents and Swedish University Spin-off Companies : Patent Ownership and Economic Health", *Patent World,* March 1996, pp.22-27.

42) 「特許流通データベース」自体は，登録も閲覧も無料であり，ここには，第三者へライセンスする意思がある特許，約3万4,000件が登録されている。〈http://www.jtm.or.jp/JTMDB/jtminfo/jtmsikum.html〉

43) 日本テクノマートの技術取引情報で公開されている情報については，同事業の開始から約15年間のうちに取引の引合があった情報は約1万5,000件に上るものの，そのうち実際に取引が成立した件数は600件ほどであった。しかもそれは，技術情報に限らず，機器・材料の情報や共同開発・共同事業の募集，自社カタログやPR情報についての取引を含んだ件数である。あまり取引が進まなかった原因としては，賛助会員数がわずか300社という閉じた中での取り組みであったこと，また，インターネットが普及していなかった時代にシステムが構築されたも

のであること，とくに有資格賛助会員・一般賛助会員の入会諸費用が高額であったこと，また，全情報を全賛助会員に同じように提供し，賛助会員側からのアプローチを待つ仕組みであり，各賛助会員の特性に応じて情報を選別したり，運営側から積極的に情報取引を仲介する仕組みがないことが要因だとの指摘がある。上野裕子『技術移転ビジネス最前線』21頁（工業調査会，2001年）。

なお，日本テクノマートは，2002年3月31日をもって解散し，特許流通促進事業（データベース事業）は，(財)日本特許情報機構に，特許流通促進事業（アドバイザー事業や育成事業）は，(社)発明協会・特許流通促進事業センターに，賛助会員制事業（情報管理事業，技術移転促進事業，調査研究事業，広報事業）は，(財)日本立地センターにそれぞれ移管された。〈http://www.tonio.or.jp/koryu1/tmart.html〉参照。

44) 〈http://www.patex.com〉参照。

45) 同サイトは誰でも利用可能だが厳密には3つのレベルで管理されている。第1レベルは，同社サイトからユーザ登録を行い，サイトにアクセスすることで匿名の技術概要を参照するレベルで，すべて無料。第2レベルは，詳細な情報が欲しい場合で，アクセス費用として25ドル，または法人会員になることが義務づけられる。ただし，本レベルでも技術の所有者は非公開。そして，第3レベルは最低1,000ドルを払うことで，所有者が特定でき，取引成立にあたっては，5万ドルを最高額とした取引額の10％がyet2.comに入ることとなるという。〈http://www.zdnet.co.jp/pcweek/news/0003/13/0003104.html〉参照。

46) 〈www.yet2.com/PSUser/y2_term.htm〉参照。

47) Technology Risk/Reward Unitの略。最新の市場価格をベースに，オプション価格モデルを活用した，客観的で透明性の高い知的財産の評価システムとされる。〈www.pl-x.co.jp〉参照。

48) 取引の対象となる特許が無効もしくは実施不能となった場合に，世界最大級の再保険会社であるSwiss Re社により最大1,000万ドルまでの損害を補償する保険。（同上参照）

49) Chicago Title社が知的財産およびその代金を一時的に保管し，一定の条件が満たされた際に取引の当事者に引き渡すことにより，安全に取引を決済するサービス。

50) 対象となる知的財産の取引金額の5-10％をサービス料として課す。（同上参照）

51) pl-xは，また，新日本監査法人，松尾総合法律事務所（IP & Strategyグループ）とも共同で，企業の知的財産戦略についてのコンサルティング事業にも乗り出し，知的財産を有効活用化するための研究開発から特許流通までを一貫して支援するシステムの構築を開始している。新日本監査法人は企業会計や，資産評価，財務面を支援し，松尾総合法律事務所は，特許出願の支援や，特許侵害訴訟を防ぐリスク管理の手法，知的財産戦略を主軸とする経営改革支援を担うが，3社が共同して，知財会計や特許流通に精通した人材育成にも乗り出すという。（日本経済新聞2001年11月5日付）

52) 〈www.pl-x.co.jp〉参照。

53) なお，日本において大学から企業への技術移転をコーディネイトしている民間の組織として代表的なものに㈳リクルート テクノロジー マネジメント ディビジョン（リクルートTMD）がある。同社は，東京大学のTLO「㈱先端科学技術インキュベーションセンター（CASTI）」，芝浦工業大学，中央大学，東京薬科大学等と技術移転コーディネイトについての業務委託契約を結んでいる。

54) 設計資産の取引市場とコピーマートとの関係については，本章4.4を参照。

55) グラスゴー大学，エジンバラ大学，ヘリオットワット大学，ストラスクライド大学の4大学。1992年12月にスコットランド開発公社等の支援の下で，産学連携による半導体産業の戦略的推進を目指して設立されたジョイントベンチャーであるアルバ・センターを拠点として，システムLSIのオンライン取引システムとして稼動している「VCX」，および半導体産業の人材育成に向けて産業界と連携した教育プログラムを推進しているSLI研究所（Institute for System Level Integration）が設立されている。大学院クラスの教育機関ということで，修士号，博士号の学位を授与しているが，学位はSLI研究所の名前ではなく，連携している4つの大学が連名で授与するというユニークな方式をとっている。名城大学コピーマート名城研究所・前掲註37・46頁以下。

56) 同上・22頁。

57) なお，国際高等研究所は，日本学術振興会において2001年度より開始されている研究開発専門委員会「物質科学とシステムデザイン――次世代エレクトロニクスの構築にむけて」の委員全員に加えて，適当な研究者の追加参加を得て，産学連携による次世代エレクトロニクスの研究開発を目指した研究組織（研究機構）を2002年度設立させている。〈http://www.iias.or.jp/research/research_j_top.html〉参照）そして，その中には，有機・分子エレクトロニクス分科会，システ

ムデザイン分科会，量子スピンエレクトロニクス分科会に加え，知的財産分科会が設けられている。本分科会は前者3分科会の中で生まれる知的財産に関わる問題に対応を図るために設けられたものである。なお，国際高等研究所における研究機構は産学連携の共同研究の場であるため，その発足にあたり「研究機構規約」，「研究会記録管理規程」，「知的財産規程」が2002年に策定されている。この3本の法システムからなる産学連携の法モデル（「高等研モデル」）を紹介するものとしては，北川善太郎「次世代エレクトロニクス研究における産学連携——高等研モデル」ジュリストNo.1234, 2頁（2002年）がある。

58) 同上。なお，北川善太郎は，さまざまな情報が既存の知的財産諸法にとどまることなく，むしろ，その枠組みを越えてきわめて多様な局面で財貨を生成してきている現状から「情報と知的財産の同質性」を指摘している。北川善太郎「インターネットにおける情報・著作権・契約——知的財産権と契約との交錯」林良平先生献呈論文集『現代における物権法と債権法の交錯』101頁（有斐閣，1998年）。

59) すばらしい知的財産権が生まれるかもしれないというビジネスチャンスを商品にしたもの，そこには特定の知的財産権のライセンスはなくても，知的財産取引が可能な場合を，北川善太郎は，「福袋方式」と呼んでいる。北川善太郎「コピーマートとはなにか」コピライトNo.470, 13頁。

60) 同上参照。

61) 国際高等研究所における専門的人材育成プログラムの実績としては，2001年-2002年度実施された「情報生物学（バイオインフォマティックス）適塾」（塾長 松原謙一・高等研学術参与）がある。生物科学と情報科学の両方を体得し，新しい分野である「情報生物学」の確立と，当該分野における人材の育成を図る目的で開講された本コースの講義録については，コピーマートシステムでの出版が予定されている。（国際高等研究所「こうとうけん」No.22, 2002 Autumn号）

62) 総務省近畿総合通信局報道資料「2　電気通信事業者別加入状況（平成14年5月度末現在）」〈http://www.ktab.go.jp/new/14/0626-1.htm〉

63) 〈http://www.jica.go.jp/jicapark/kokusai/0208/kokusai0208_02.pdf〉参照。

64) 他にチップ抵抗器，チップコンデンサ，チップアンテナなどがある。

65) 英語ではsystem-on-chipまたはsystem-on-a-chipという。

66) 工業所有権協力センター平成10年度研究報告書『システムLSIの設計資産に関する法的諸問題』82頁（委託先：比較法研究センター，1999年）参照。

註（4章）　　**183**

67) 日経マイクロデバイス編『IP　1998』23頁（日経BP社，1998年）。具体的には，「米ケイデンス（Cadence）社を中心とするEDA（Electronic Design Automation）ベンダーが使い始めた」としている（『平成10年度　海外における半導体IPの動向調査』14頁（日本経済研究所，2001年））。

68) 北川善太郎「システムLSIの設計資産（IP）と集積回路保護法史——温故知新」小野昌延先生古希記念論文集『知的財産法の系譜』853頁（青林書院，2002年）。同じく，前掲註66・69頁。これらの論文では，用語として「設計資産」という用語を用いてIPと区別している。

69) このほかに，複数のLSIから構成されるシステムLSIを1個のチップ内で構築するには高度な微細加工技術が必要であり，このためLSIの集積度は飛躍的な進展を続けているが，設計効率が集積度の向上に追いつけなくなっていることも既存の設計資産の再利用の一因とされている。

70) 前掲註66・6頁。

71) 『平成10年度　海外における半導体IPの動向調査』3-4頁（日本経済研究所，2001年）。

72) Silicon Glenは，エジンバラからグラスゴー間の長さ約100km，幅30kmの地域を指す。世界のハイテック企業が集中している。

73) 〈http://www.thevcx.com/〉

74) IPTCは，2000年5月に㈱東芝，㈱日経BP社，三菱商事㈱の3社の出資によりIPTCプランニング株式会社が設立された後，同年10月に㈱IPTCへ社名変更された。〈http://www.iptc.co.jp/〉

75) 〈http://www.starc.or.jp/index-j.html〉参照。

76) IPTC News（会員用）（2002年9月2日）より。

77) 〈http://www.aspla.com〉参照。ASPLAとはAdvanced SoC Platform Corporationの略。

78) このほかに，米国のRAPID（Reusable Application-Specific Intellectual Property Developers）が，1999年9月に設立されインターネット上で設計資産のカタログを紹介し取引できるシステムの運営をしていたが，2002年6月に解散している。また，富士通㈱，松下電器産業㈱，ソニー㈱，㈱東芝，メンターグラフィックス・ジャパン㈱の5社が中心となり，設計資産の流通を目指して情報処理振興事業協会（IPA）の支援で1998年6月に「IP Highwayコンソーシアム」を設立し，IP流通システムIPEX（Intellectual Property Exchange：アイペックス）の開

発を行い，2001年1月に実証実験を終えている．

79) 設計資産の3つの形態について法的にはソフト設計資産（IP）を「機能設計の成果物」，ファーム設計資産（IP）を「論理設計の成果物」，そしてハード設計資産（IP）を「レイアウト設計の成果物」として用語の整理を行って検討をしている（前掲註66および，工業所有権協力センター平成11年度研究報告書『システムLSIの設計資産に関する調査研究』（委託先：比較法研究センター，2000年）参照）．

80) 「電子回路システムの設計データを記述するために用いられる設計記述言語のこと」（平嶋竜太「主な技術用語のまとめ」より『システムLSIの保護法制』319頁（信山社，1998年））．

81) これは半導体集積回路保護法における「マスクパターン」と情報の中身としては同義であり，同法における「マスクパターン」は，すでに集積回路として実現された，実際に存在するLSIの設計データを指す．これに対して「ハード設計資産（IP）」は，集積回路として実現されてなくとも集積回路上に実現した場合に機能するようなトランジスタの配置とその間の配線に関するLSIの設計データを指している（工業所有権協力センター平成11年度報告書・前掲註79・22頁）．

82) たとえば，特許法で保護されるためには，設計資産が特許法上，産業上利用することができる「発明」（特許法2条1項）にあたり，新規性，進歩性が認められる必要がある（29条）．また著作権法で保護されるためには，当該設計資産が「思想又は感情を創作的に表現したものであって，文芸，学術，美術又は音楽の範囲に属するもの」（著作権法2条1項）であることが必要となる．

83) 平嶋・前掲註80・32頁．

84) リバースエンジニアリングについては，実務上1ミクロン程度なら可能だが，それ以細になるとリバースエンジニアリングするだけで膨大なコストがかかるため，購入するほうが割安とされている．

85) 大島洋一・長谷山健「半導体IPの動向③」発明96巻5号73-74頁（1999年）．

86) 米国の民間調査機関であるGartner/Dataquest〈http://www3.gartner.com/Init〉の調査報告「Worldwide Semiconductor Intellectual Property Market : Share Rankings 2001（April 11, 2002）」によると2001年度の半導体産業業界としては31％減少したが，マイクロプロセッサなどの設計資産市場は25％増加しており，需要が増大していることを示している．

87) 英語版は，〈http://www.vsi.org/〉，日本語版は，〈http://www.vsi.org/

japanese/〉。

88) 国際高等研究所主催:第2回コピーマートワークショップ「システムLSIの設計資産取引に係る法的諸問題」(於 国際高等研究所,2001年1月23日)におけるAndy Travers氏(VCXの最高経営責任者)の発言より。
89) 同上ワークショップ議事録より。
90) 日経マイクロデバイス編・前掲註67・89頁。
91) 北川・前掲註79(工業所有権協力センター平成11年度研究報告書)・97頁。
92) 北川善太郎「4-1 設計資産の取引市場モデルと半導体集積回路保護法改正論」前掲註79・96-97頁。ここでは,この報告書の中で北川が提唱している設計資産コピーマートの現実的展開としての「IPブロック契約コピーマート」の記述を紹介する。知的財産の文脈で「IPブロック」という使われ方をされることはなく,誤解の生ずる余地も少ないと思われることから,これについては(原文の記述どおり)半導体業界で一般に通用している呼び方である「IPブロック」を使っている。
93) 〈http://www.cas.org/cgi-bin/regreport.pl〉参照。
94) そのうち,日本国内に存在するのは,10万種程度であるとされる。㈶松尾学術振興財団「化学物質は文化遺産——保存・活用体制の基盤づくりの意義と支援策」松尾研究会報Vol.6, 2頁(1997年)。
95) 井口洋夫『物質(もの)とは何か』(高等研選書12)10-11頁(国際高等研究所,2001年)。
96) 国際高等研究所副所長の岡田益吉教授は,研究者の退職等に伴い,試料,標本が散逸の危機に瀕するケースは,化学の分野にかかわらず,植物,動物の標本等,他の自然科学の分野についてもいえると指摘されている。
97) ㈶松尾学術振興財団・前掲註94・iii頁。
98) 同上・13頁。
99) 宇宙空間のいたる所には,多数の水素原子が存在していることは早くから知られていたが,分子の存在は,1963年の水素基,続く1968年のアンモニア分子と水分子の発見が契機となり,ミリ波観測で次々に確認されている。現在,研究者は,物質の発する未知の線スペクトルを探索し,新しい「星間分子」を発見することに,しのぎを削っているが,特定分子を同定するためには,そのようなスペクトルを出す物質を分子式で示さなければならず,そのような分子を実験室で作り,観測データを照合することが必要になってくる。しかし,多くの場合,現

存の化学物質の基本的なデータの中に、それを見いだすケースがきわめて多いといえよう。星間物質に関する情報は、惑星の進化、太陽系の起源を解明する上でもきわめて重要であるが、さらにアミノ酸などの有機分子の存在は、地球上の生命の起源と進化を探る手がかりとなる他の天体の生命現象を発見する可能性もあるため、いまや「星間分子」の研究は、生命の謎解きの方向性にも発展しつつある。(同上・12-13頁)

100) ㈶松尾学術振興財団・前掲註94・2頁。
101) 同上・3頁。
102) 国際高等研究所の外からは、青木淳治氏（東邦大学名誉教授）、今枝健一氏（中部大学助教授）、鈴木優子氏（岡崎国立共同研究機構 分子科学研究所）、緒方良子氏（宇宙開発事業団宇宙環境利用研究システム）らの参画を得て、「化学物質コピーマート」プロジェクトは着手された。
103) 一般に物質合成は何段階かのステップを経て物質を合成していく。この何段階かのステップを積み重ねて初めて目的とする物質を合成することができる。この各段階で得られた化合物を中間生成物と呼んでいる。（「化学物質コピーマート」公開予定ホームページより）
104) Nuclear Magnetic Resonance Quartz Tube の略。
105) 化合物（試料）の貸与に関する問い合わせは、〈cscm@iias.or.jp〉へ。
106) 財務省印刷局は1週間分の官報を無料で公開している。〈http://kanpou.pb-mof.go.jp/index.html〉
107) オンライン登記情報提供制度については、法務省のホームページ〈http://www.moj.go.jp/MINJI/minji25.html〉を参照。
108) 特許電子図書館〈http://www.ipdl.jpo.go.jp/homepg.ipdl〉参照。
109) 住民基本台帳法の一部を改正する法律（平成11年8月18日法律第133号）。住民基本台帳ネットワークについては、たとえば総務省のホームページ〈http://www.soumu.go.jp/c-gyousei/daityo/index.html〉を参照。
110) 住基ネットでは、そのような配慮からインターネットではなく専用回線でのネットワークが組まれている。前掲註109・総務省ホームページ参照。
111) 〈http://www.kantei.go.jp/jp/it/network/dai3/3siryou40.html〉参照。
112) 〈http://www.kantei.go.jp/jp/singi/it2/kettei/010626.html〉参照。
113) 『アーカイブに関する研究会報告書 政府系アーカイブ構築に向けて』（㈶未来工学研究所、2001年8月）。

114) なお，行政アーカイブに関しては，自由民主党政務調査会e-Japan重点計画特命委員会デジタルアーカイブ小委員会（委員長：坂井隆憲衆議院議員）で検討されているが，その中間報告「デジタルアーカイブ推進を目指して——誰にも身近なアーカイブを」（2002年7月25日）の中においても共通モデルとしてのコピーマートが紹介されている（中間報告10-11頁）。
115) 前掲註113・19頁。
116) 同上・「4.2.1 政府系アーカイブ利用の実態」28-29頁。
117) 同上・33頁。
118) 同上・48頁。
119) 同上・北川善太郎「まえがき」。
120) 同上・39-42頁。
121) 公表権：18条3項および4項新設，氏名表示権：19条4項新設，複製権：42条の2新設。
122) 田村善之『著作権法概説 第2版』263頁（有斐閣，2001年）。
123) 著作権法42条の2は次のように規定する。「行政機関の長又は地方公共団体の機関は，情報公開法又は情報公開条例の規定により著作物を公衆に提供し，又は提示することを目的とする場合には，情報公開法第14条第1項（同項の規定に基づく政令の規定を含む。以下この条において同じ。）に規定する方法又は情報公開条例で定める方法（情報公開法第14条第1項に規定する方法以外のものを除く。）により開示するために必要と認められる限度において，当該著作物を利用することができる。」
124) 北川善太郎「コピーマートのひろがり「行政アーカイブ」」国際高等研究所学術シンポジウム『穏やかでない著作権社会の近未来』（2002年3月7日）講演資料，国際高等研究所ホームページ〈http://www.iias.or.jp/top/home_j.html〉より閲覧可。

コピーマートの片隅 ⑨　「デジタル・アナログ相互作用論」

　昨今の時流は明らかに「アナログからデジタルへ」である。いたるところでデジタル化を織り込んだ事業が計画され推進されている。われわれはまさにデジタル時代に生きている。アナログからデジタルへの変換はこれまで予想もできなかった変革をもたらしている。技術革新は輝かしい未来を切り開くのである。たとえば万巻の書を納めた小さな「チップ図書館」の誕生も夢ではない。

　しかし，われわれは「デジタルからアナログへ」の流れを忘れてはならない。「アナログからデジタルへ」が時代の潮流であるのに，なぜ「デジタルからアナログへ」なのか。その理由は簡単である。デジタル化はわれわれにとり目的でなくて手段であるからである。研究やビジネスでデジタル化が目的である場合を別にすると，デジタル化は目的達成のための手段である。「アナログからデジタルへ」の歩みが完成すれば「こと」が終わるのではなくて，まさにそこから「こと」が始まるのである。そこで始まる「こと」とは何か，何にしたらよいかをわれわれが決めなければならないのである。

　この意味でかっては「アナログからアナログへ」でよかったのであるが，「アナログからデジタルへ」に続く「デジタルからアナログへ」の世界がわれわれの前に広がってくるのである。少し具体的に考えよう。まずなぜ「アナログからデジタルへ」なのか。絵画に例を求めると相当な費用と技術を投じてすぐれた名画のデジタル化に成功しても，デジタルがオリジナルより価値が高いとは誰も思わない。それなのになぜデジタルなのか。革新的なデジタル技術があるからというだけではない筈である。また画期的なデジタル技術が伝統的な絵画技法により置き換えられるとは誰も思っていない。巨匠のわざでなくても伝統工芸のわざでも同じであろう。伝統工芸はアナログの世界である。そこにはデジタル化を拒否する壁がある。意匠のアイデアや織りのわざはいわばアナログそのものである。「アナログからデジタルへ」の流れでは異なる両者が緊張関係に立っている。二つが一つに合流するのではない。別のものが絡まり合って流れているという相互関係がある。「デジタルからアナログへ」という発想はこのようなコンテクストで意味を持ってくる。アナログをデジタルにするということはデジタルにされたアナログとは別のアナログをさらに求める流れをつくり出すのである。ビジネス・チャンスはそこから生まれ，技術革新の芽

がそこに発見できるのである。

　われわれは錯覚にとらわれてはならない。デジタル化すれば当然のごとくなにかが創造されるという錯覚である。伝統的なアナログの世界がデジタル化できるという錯覚である。考えてみるとデジタル化の前提となるアナログがあるという前提は自明なのか，どうして確定するのか，それがあるとわれわれは錯覚しているだけかもしれない。そこまで突き進むべきかは疑問であろう。ここで強調したいのは，アナログのデジタル化はアナログなるものの創造的な再発見につながることであり，「デジタルからアナログへ」はデジタル化を契機とした新しい次元のアナログの創造であり発見であることである。

　最後に以前からチップ図書館に似た構想を暖めているので本稿の相互作用論を補足したい。著作権と著作物の取引市場であるコピーマートのチップ構想がそれである。コピーマートでは著作権，著作物，権利管理等のデジタル化が前提である。それをシステムLSIにしたものがコピーマート・チップである。コピーマートはコンピュータ・システムであり，著作権取引の契約モデルであり，また著作権ビジネスモデルである。このコピーマート・チップは図書館事業，出版事業，大学教育や生涯教育のような教育事業にも応用可能である。さらにコピーマートはデジタル情報の複製に関わる限りで著作権管理・著作権取引システムであるが，その市場で取引される権利は知的財産一般を対象とするものである。したがって，著作権のほか特許や商標，意匠，半導体集積回路配置，営業秘密やノウハウ等の知的財産を扱うコピーマート・チップも考えている。この構想はアナログ・デジタル相互作用論と表裏一体の関係で展開している。

　　　　　　　　　　（北川善太郎，Kyoto Digital Archives News Letter 1999 NO.2）

第5章へのナビゲーター【5.n】

　第4章では，単に著作権の問題にとどまらない，さまざまな分野へのコピーマートの広がりについてみてきたが，第5章では，別な意味での広がりについてみてみよう。これまでコピーマートについて外国におけるフォーラム・シンポジウム等で報告する機会が何度かあった。そこにおいて，コピーマートがどのように評価されたかを第5章では紹介することとする。外国における報告は，コピーマートの研究史を語る上で重要な位置を占めている。（そもそも「コピーマート」が初めて発表されたのは海外においてである。）また，2002年9月には，コピーマートをテーマにしたシンポジウムをベルリンで開催し，コピーマートに関する報告が日本のみならず外国からも寄せられた。（一部の報告については第5章で紹介する。）このシンポジウムの開催自体も一つの成果といえよう。

　外国で評価されるということは，コピーマートがグローバルなものであるということを改めて認識させてくれる。もちろん，好意的な評価の中にも，われわれの行く道の険しさを暗示するものもある。（第5章で紹介するいくつかの報告にもみられる。）このことを真摯に受け止める必要があろう。

　ところで，これらの評価を読み進めて気づくことは，著作権の文脈でコピーマートに言及するものがほとんどであるということである。前章でみたように，コピーマートの応用範囲は著作権にとどまるものではないが，コピーマートに関する報告がなされるシンポジウムやフォーラムのテーマが著作権関係のものであることが多いということや，そもそもコピーマートは著作権を念頭に構想されたということもあって，著作権管理システムとしてのコピーマートについて評価が集中したということであろう。コピーマートの汎用性については，外国での認識をより浸透させるため，われわれも努力する必要がある。今後の一つの課題であろう。

　第5章においては，まず，外国におけるコピーマート研究報告とその影響について紹介し，次に，外国の方々のシンポジウム等での報告や発言をテーマごとに引用して紹介する。これでシンポジウム等の現場の雰囲気のようなものも併せて感じ取っていただければと思う。

第5章　外国におけるコピーマート 【5.】

(財)国際高等研究所特別研究員　宮脇正晴

5.1　外国におけるコピーマート研究報告とその影響 【51.】

5.2　外国における評価 【52.】

■ 5.1 ■
外国におけるコピーマート研究報告とその影響 【5.1.】

　コピーマートの考え方は，まず「コピーセール」として1988年にロンドン大学における講演[1]で発表された。「コピーセール」とは出版物を対象としたもので，「出版物の各頁に目に見えないか，あるいはごく微小なバーコードで『著作権データ』をプリントしておき，データ処理機能つきのコピー機がコピー毎に代金決済を含む個別の著作権処理をするシステム」である[2]。そして，そのような著作権データやコピー機の処理データと利用者のデータは，付加価値情報網（Value Added Network：VAN）システム（「コピーVAN」）により電子的に統合し管理されることも提案されている[3]。

　この「コピーセール」モデルと「コピーVAN」モデルを統合し，マルチメディアに対応させて発展させたものが「コピーマート」モデルである。「コピーマート」モデルが初めて紹介されたのは，ロンドン大学での講演から4年を経た1993年，ハーバード大学で開催されたWIPO（世界知的所有権機関）国際シンポジウム[4]においてであった。

　このように，外国での報告がコピーマート研究の一つの節目となっているといえる。ハーバード大学でのシンポジウムの後，翌1994年にパリのWIPO国際シンポジウム[5]，続く1995年のシドニーでの世界複製権機構（International Federation of Reproduction Rights Organizations：IFRRO）とオーストラリアの著作権団体であるCAL（Copyright Agency Limited）の共催の国際会議[6]と，3年連続で報告がなされた。その後も，たとえば1997年にウィーンのAIPPI（国際工業所有権保護協会）の国際シンポジウム[7]など

5.1 外国におけるコピーマート研究報告とその影響

においても報告がなされている。そして，最も新しい成果としては，2002年9月にベルリンで開催されたコピーマート・シンポジウム（ベルリン日独センター・国際高等研究所共催）がある[8]。このような報告のたびに，コピーマートは成長してきたといえる[9]。

ところで，この「コピーセール」モデルであるが，印刷物に関する英国の権利処理団体であるCLA（Copyright Licensing Agency Ltd.）[10]のサービスである"CLARCS（CLA's Rapid Clearance Service）"にその発想が取り入れられたようである[11]。CLARCSとは，CLAの登録利用者がその基本ライセンスの範囲[12]を超えて複製を行いたい場合に，電話，FAX，Eメールにより即座にその許諾が得られるというものである[13]。利用者はISBN（国際標準図書番号）やISSN（国際標準逐次刊行物番号）をCLAのオペレータ（電話の場合）に告げることで出版物を特定し，利用料（各利用ごとに権利者があらかじめ設定したもの）は登録した口座から引き落とされるようになっている[14]。このように，「コピーセール」モデルほど自動化されたものではないが，従来の多くの集中処理システムとは異なり，個別処理を志向する点でコピーセールに通ずるところがある[15]。

これは「コピーセール」が外国において与えた影響の一つの例であったが，今後はコピーマート（あるいはそれをもとにしたモデル）が外国においても広がっていくことが考えられる。「コピーマート」モデルのほうがハードウェアに依存する部分が少ないと思われることや，前章でみたような汎用性を考えると，むしろコピーセールよりもコピーマートのほうが普及しやすいモデルであるといえよう[16]。外国におけるコピーマートの評価は概ね好意的であり，将来はコピーマートを採用（あるいは応用）するモデルが外国にあらわれることも充分に考えられるところである。

以下，外国でのコピーマートの評価の一端を，(1) コピーマート構想，(2) 技術革新により生ずる課題とコピーマート，(3) 既存の集中処理システムとコピーマート，(4) コピーマートの認知，(5) コピーマートの展望，に分けて，シンポジウム等における報告の引用という形でみてみよう。

5.2 外国における評価[17] 【52.】

5.2.1 コピーマート構想について 【52.1】

A. Lucas（WIPO／パリ／1994） ［1］

　北川教授の提唱するシステムは興味深い。このシステムは，契約に基礎を置いている（このこと自体，契約がいっそう重要な役割を果たすであろうというギンズバーグ教授の主張を裏付けるものである）ので，権利者の利益が尊重されることを保障するものである。コピーマートは経済的にみても現実的なシステムである。というのも，それが成功かどうかを決定するのは市場の反応であるからである。この反応が好ましいものであることをただ願うのみである。

B. Lehman（ベルリン／2002） ［3］

　北川教授の「コピーマート」という独創的な構想を私が初めて知ったのは，何年か前，私がクリントン政権で商務次官補の職に就いていた時期であったが，それは衝撃的なものであった。私はこのシンプルでありながら優秀なアイディアを，次のように理解した。「権利者への支払いの集中処理のシステムに，著作物のディジタル送信や利用を追跡し識別するグローバルな仕組みが加わったもの」。このような構想は，私の同僚たちと私が，合衆国大統領から情報スーパーハイウェイのための政策の推進の命を受けて取り組んでい

た作業の背後にあるものと同じものであった。

　私は，WIPO諸条約とそれに対応する国内法に体現されている国際的な著作権体制にほんの少し修正を加えれば，今頃までに――2000年には――コピーマート構想に描かれていた一種の権利管理のプロトコルのための準備が整えられるのではないか，と考えていた。残念ながら，――私の個人的意見だが――そのようなことは実現していない。われわれはまだ，ディジタル著作権の世界で向かうべきところを見いだしていないようである。

R. Oman（ベルリン／2002）　　[4]

　フランシス・ベーコンは科学の新たな体系を創造することで歴史に名を残し，その理論は1620年の『新機関（The New Organum）』において著されている。彼の科学的な実験に基づいた実証研究の方法は，アダムがエデンの園を追われた時に人間が失った自然への支配を再認識させるものであった。その約400年後，われわれはいまだにモノに対する支配の再構築に躍起になっているが，北川教授の助けがあれば，われわれはベーコンのなし得なかったことを成功させることができるかもしれない。

D. Gervais（ベルリン／2002）　　[5]

　著作権が多くの国で今や動かしがたいものであるとするならば，権利管理が［ひとつの］解決策であり，コピーマートはその偉大な例であるばかりか，パイオニアでもある。著作権法自体の再構築とは異なり，この種の解決策はいま現在において，法改正がなくとも利用可能である。

5.2.2 技術革新とコピーマート　　【52.2】

C. Clark & T. Koskinen-Olsson（WIPO／セビリア／1997）　　[2]

　大量複製の問題の核となるのは，著作物の多大な，無許諾での利用の問題であり，そのような利用は「私的使用」として想定されていたものを超えるものである。他方，マルチメディアとの関連では，ディジタル技術により急速に発展してきた著作物のさまざまな可能性への著作権の干渉という問題があり，そのような干渉は著作権文化の健全な発達を阻むおそれがある。つまり，大量複製も，著作物のマルチメディアでの利用も，著作権者の許諾次第で可能であるということである。よって，仮に著作権者が許諾を与えることができるような場を構築することができれば，大量複製もマルチメディアも著作権侵害から，権利の実現の手段へと劇的に変貌するのである！……私の考えるコピーマートは，現在株や商品が取引されているのと同様に，著作権が自由に取引されるための市場のような場を構築しようとするものである。

＊＊＊

　コピーマートの明白な――それでいてなお重要な――機能は，複製の販売市場としての機能であろう。すなわち，ある一定の分野における利用可能な作品の複製がEメールや電子小包を利用してアクセスされコピーされることができる市場である。コピーマート利用者は，登録情報を閲覧して作品を探し出して，そのコピーを入手できる。ブローカーとしてのコピーマートの役割は，マルチメディアソフトの製作者のような，多くの異なった種類の著作物を一度に利用する者にとって，とりわけ重要である。新しいマルチメディア製品の開発や導入も，コピーマートを利用すればたやすくできるのである。

R. Oman　　[4]

　コピーマートのとりわけよい点は，それが音楽や映画，ソフトウェアを創作しそれをサイバースペースで売り出したいと願う者に，ディジタル技術や

インターネットによってもたらされる現実の脅威に対抗する助けとなりうる点である。ディジタルの世界では，家庭内での利用者と職業的な海賊行為者が，ボタンひとつで録音物の完全な複製を作成し，見知らぬ他人に無料で複製させ，その複製を世界中の何百万人という人々に送信させることが可能である。かつてコピー機の出現が問題とされたが，それは今日起こりつつあることからみれば，かわいいものであった。現在の権利の実現のための手段では，このようなディジタル送信を探知することは困難であり，それを止めさせることはもっと困難である。

＊＊＊

セキュリティ対策が講じられないのなら，著作権者は，インターネット上でのその作品の利用について許諾しなくなるであろう。そして，著作権者がその映画や音楽，コンピュータプログラムについてライセンスを行わないのであれば，大衆娯楽，学術的な議論，および電子商取引のための広範な場としてのインターネットの潜在能力がフルに発揮されることはなくなるであろう。……北川教授のシステムは，セキュリティ対策を導入したディジタル技術を利用し，同時に，われわれがまだ解決できていない流通や権利の実現の問題の解決をも図ろうとするものである。

D. Gervais　　[5]

権利者団体，個人，あるいはその他の機関のいずれが管理するにせよ，ディジタル時代における著作権管理は効率的なものでなければならない。権利者が許諾しようとしているあらゆる利用は，低い取引コスト（許諾自体の価値とは無関係の，取引にかかる時間＋金銭的コスト）で実現可能とされなければならない。権利情報データベース（これはいわば，権利の迷路におけるアリアドネの糸である）であり，かつ自動化された許諾システムである権利管理システムのみが，この課題を解決しうるのである。コピーマートはまさにこれを提供するものである。

5.2.3 既存の集中処理システムとコピーマート 【52.3】

C. Clark & T. Koskinen-Olsson [2]

　マルチメディア時代においては，出版者の役割が根本的に変化することとなるであろう。……出版者はみずからを情報の供給者として位置付けなければならない。もっぱら印刷物を扱うIFRROのような既存の著作権の集中処理体制が，マルチメディアの著作物にうまく対応できるかどうかは，いまや疑わしいものとなっている。そこで，私の考えるコピーマートが既存のIFRROシステムにうまく応用できるか検討してみたい。

　基本的な理解はこうである。すなわち，既存の複製権処理団体は，それが正確に個々人の著作権を処理するシステムを実施するものであるならば，コピーマートへと移行するであろう。その場合，既存の複製権処理団体は権利者のコピーマートにおける代理人となるであろう。コピーマートは国内の取引のみならず，国際的な取引も扱うことができるので，外国の複製権処理団体は外国の著作権者の代理人となりうる。他方，正確に個々人の著作権を処理するシステムを実施するものでない複製権処理団体——おそらくいまのところほとんどの団体がこのカテゴリに当てはまるのではないだろうか——の場合は，コピーマートには移行できない。

B. Lehman [3]

　［従来の］権利処理団体および包括許諾のシステムはコンピュータ以前，文化のグローバル化以前に始まったものである。ゆえに，このような団体の現在の機能は，北川教授のコピーマートの描く利用の追跡と許諾料の支払いの継ぎ目のないシステムとは程遠いものである。

　グローバルなコピーマート構想によって提起される重要な事項の一つは，ディジタル著作権管理技術およびインターネットと，権利処理団体によって行われてきた伝統的な権利処理体制とが結びつく可能性である。著作物のグ

ローバルな利用のディジタル追跡が可能であるということは，国内の諸団体への権利処理の分散化の必要性について疑問を投げかける．実際，すでに，音楽出版者の録音権および映像録音権（mechanical and synchronization rights）を保障する伝統的な手段に変化がみられるようになっている．録音権および映像録音権についての米国の集中処理団体である Harry Fox Agency は，オンラインで世界中のいたるところからの，すなわち米国に居住する被許諾者からだけにとどまらない，権利処理を受け付けている．さらに，Harry Fox Agency を利用していた音楽出版者の多くは，直接のオンラインのルートを確立して，いかなる集中処理団体も介さずにオンラインで利用者に許諾を与えるようになっている．

5.2.4 コピーマートの認知　　　【52.4】

T. Hören（ベルリン／2002）　　［6］

　私の指導している研究員に，欧州におけるディジタル権利管理システムについての博士論文を執筆中の者がいる．欧州において最もよく知られ，評判のよいディジタル権利管理システムが何かについて，彼は長期にわたって調査し，多くの人々に質問した．そして，その第2位が——第1位は Imprimatur であった——コピーマートであった．多くの専門家はコピーマートを知っている．少なくとも欧州における学術的な議論の場においては，コピーマートは大変よく知られまた高く評価されており，同時に多大な影響を与えてきている．

5.2.5　コピーマートの展望　　　　　　　　　　　【52.5】

C. Clark & T. Koskinen-Olsson　［2］

　……コピーマートは，ヴァーチャル・リアリティの魅惑的な新しい領域において，また，電子的なミュージアム，画廊，映画館やアミューズメント・パークの発展にとっても，重要な役割を果たしうるものであると考えられる。

　コピーマートは著作権の取引市場であり，私はこれが著作権法の直面する多大な問題の解決に用いられうるものであることを願っている。ただし，私の提案はこのような実務的な示唆にとどまらない。私はコピーマートがまったく新しい生活様式，情報文化革命の扉を開くものではないかと考えている。われわれがこれから向かう道は決して平坦なものではないが，コピーマートはわれわれの生活をより豊かにするような，明日の文化的，芸術的，学術的フォーラムに結実する可能性を秘めた種を内包するものである。"copy" という語が豊穣の女神 "Copia" に由来するものであることを思うと，「コピー」からこれまでのダークなイメージを払拭して，栄光に満ち溢れたものにするという解決策に自信を持てる[18]。

B. Lehman　［3］

　技術は常に変化している。インターネットは日常のものとなった。創作者の権利の保護を単なるビジネスの問題にとどまらないと信じるのであれば，強固でグローバルなコピーマートの実現に向けて信念を持って取り組まなければならないであろう。……我々はまだ道の途中にいる。

R. Oman　［4］

　技術と著作者の利益をめぐる議論は，著作権思想の欠くべからざる要素であり，著作権法を歴史的にユニークで，社会変革的で，追求する価値のあるものにしている核である。コピーマートと北川教授はわれわれを正しい方向

に進めている。

D. Gervais　　[5]

　……解決策は，システマチックな権利管理の手段にその大部分を負うということになる。そのような手段は，利用者と権利者を結びつけ，コンテンツを識別し利用者のニーズと権利者の要求をマッチさせ，よってディジタル環境においてさえ（あるいはこの環境においてより良く）秩序だった著作権の行使を保障するものである。コピーマートの提示する解決策は，高価なものでも，聞きなれない科学的な話でもない。実際のところ，コピーマートは著作権を存続させるためにはもはや不可欠のものである。

【出典】

[1] **A.Lucas**（WIPO／パリ／**1994**）
André Lucas（ナント大学教授）による，1994年6月WIPOシンポジウム（フランス，パリ）[19]における報告"Summary of the Proceeding of the Symposium".

[2] **C. Clark & T. Koskinen-Olsson**（WIPO／セビリア／**1997**）
Charles Clark（CLA理事長），Tarja Koskinen-Olsson（IFRRO理事長）による，1997年WIPO国際フォーラム（スペイン，セビリア）[20]における報告"New Alternatives for Centralized Management One-Stop-Shops".

[3] **B. Lehman**（ベルリン／**2002**）
Bruce A. Lehman（国際知的財産研究所所長，前米国特許商標庁長官）による，2002年コピーマート・シンポジウム（ドイツ，ベルリン）[21]における報告"Digital Commerce in Copyrighted Works : Where is the World Going?".

[4] **R. Oman**（ベルリン／**2002**）
Ralph Oman（弁護士，前米国著作権局長）による，コピーマート・シンポジウム[22]における報告"Copymart : Harnessing the Power of Digital Technology".

[5] **D. Gervais**（ベルリン／**2002**）
Daniel Gervais（オッタワ大学教授，米国著作権処理センター（Copyright Clearance Center : CCC）専務理事）による，コピーマート・シンポジウム[23]における報告"Copyright, the Use Paradigm and Rights Management".

[6] **T. Hören**（ベルリン／**2002**）
Thomas Hören（ミュンスター大学教授，ミュンスター大学情報・通信・メディア法研究所所長）による，コピーマート・シンポジウム[24]における報告"Access Right as a Postmodern Symbol of Copyright Deconstruction?".

[註]

1) Z. Kitagawa, "Copyright Clearance or Copy Sale? : A Thought on the Problem of〝Mass Right〟", *AIPPI Journal International Edition*, 14-4, 1989, pp.207-215.
2) 北川善太郎「複写（コピー）時代の著作権 共生モデルとしてのコピーマート」WIRED 1995年5月号45頁。
3) この「コピーVAN」システムは，既存の集中処理システムの個別処理システムへの改良型として提案されている。詳細については，北川善太郎『技術革新と知的財産法制』201頁以下（有斐閣，1992年）を参照。
4) Z. Kitagawa, "Copymart : A New Concept——An Application of Digital Technology to the Collective Management of Copyright," WIPO Worldwide Symposium on the Impact of Digital Technology on Copyright and Neighbouring Rights, Cambridge, Massachusetts, United States of America, March 31 to April 2, 1993, available at 〈http://www.kclc.or.jp/harvard.htm〉.
5) Z. Kitagawa, "Computer, Digital Technology and Copyright", WIPO Worldwide Symposium on the Future of Copyright and Neighboring Rights, Le Louvre, Paris, France, June 1 to 3, 1994.
6) Z. Kitagawa, "Copyright Usage Tracking Technologies", Symposium, Copyright in the Asia Pacific Region : Reprography and Digital Copying, Sydney, Australia, January 17 to 18, 1995 (Hosted by Copyright Agency Limited in cooperation with the International Federation of Reproduction Rights Organizations), available at 〈http://www.kclc.or.jp/ifrro.htm〉.
7) Z. Kitagawa, "Copyright and〝Copymart〟in Cyberspace", AIPPI Centennial Symposia : New Technologies, Global Markets and Territoriality of Laws (AIPPI 1998) at 58.
8) Z. Kitagawa, "Copymart as Legal Infrastructure of Information Society", Symposium, Copymart : The Product and Its Prospects, Berlin, Germany, September 5 to 6, 2002 (Hosted by Japanese-German Center Berlin in cooperation with International Institute for Advanced Studies, Kyoto). 本シンポジウムにおいてはこの報告の他にも，内外からコピーマートに関する報告が寄せられた。一部の報告は本章で紹介するが，その他の報告のタイトル，その報告者および参加者については，国際高等研究所のウェブサイト〈http://www.iias.or.jp/event/event_j_top.html〉にプログラムが掲載されているので，そちらを参照されたい。

9） この他のものとして，Z. Kitagawa, Recent Developments in Intellectual Property Rights, Symposium, Computer World '89 : Artificial Intelligence――Multimedia and Human Interface, Osaka, Japan, September 27 to 29, 1989（Hosted by Kansai Institute of Information Systems et. al.）; Z. Kitagawa, "Copymart : A Contractual Model for a Copyright Market", Conference, The Changing Media Environment, Osaka, Japan, September 12 to 14, 1995（Hosted by International Institute of Communications（IIC））; Z. Kitagawa, "Copymart as Electronic Copyright Management System", G7 First Conference : Global Marketplace for SMEs, Bonn, Germany, April 7 to 9, 1997 ; Z. Kitagawa, "Publishing and Copymart", The Publisher in the Changing Markets : Proceedings of IPA Fourth International Copyright Symposium（Ohmsha 1998）at 340 ; Z. Kitagawa, "Copymart and Copymart Code", Conference, Putting Works to Rights Presentations, Sydney, Australia, March 9 to 10, 2000（Hosted by〈indecs〉 Framework Ltd）, available at〈http://www.indecs.org/archive/3rd_conference.htm〉. また，ミュンヘン大学1995年夏学期の北川の特別講義「近未来の現代法 (Modernes Recht in der nahen Zukunft)」において，「マルチメディア，ディジタル技術と著作権 (Multimedia, Digitaltechnologie und Urheberrecht)」と題する回（同年7月12日）でコピーマートが紹介されている。

10）〈http://www.cla.co.uk/〉参照。

11） 北川・前掲註2・46頁（コピーマートの片隅⑩，本書208頁）参照。

12） ビジネス向けのライセンスの場合，図書は1章分まで，定期刊行物の場合は1つの記事まで，などといったものとなっている。詳細については，CLA Business Licence Holder's Guide to the CLA Rapid Clearance Service（CLARCS）at〈http://www.cla.co.uk/clarcs/clarcs_handbooks.html〉. 公的機関向けのハンドブックや教育機関向けのハンドブックについてもこのウェブサイトからダウンロード可能である。

13） Id.

14） Id.

15） この点につき，第2章註31参照。

16） もっとも現段階では，著作権管理システムとしての側面に評価が集中しており，コピーマートの有する汎用性に着目した外国の評価は少ない。

17） 出典は章末に掲げた文献番号で示す（報告者の肩書はその当時のものである）。

文中の「……」は文章の一部が省略されていることを示し,「＊＊＊」は1つまたは複数の段落が省略されていることを示す。また,註および [ ] 内の語句は筆者によるものである。

18) Kitagawa, "Copyright Usage Tracking Technologies", supra note 6.
19) WIPO Worldwide Symposium on the Impact of Digital Technology on Copyright and Neighbouring Rights, Cambridge, Massachusetts, United States of America, March 31 to April 2, 1993.
20) WIPO International Forum on the Exercise and Management of Copyright and Neighboring Rights in the face of the Challenges of Digital Technology, Sevilla, Spain, May 14 to 16, 1997.
21) Copymart : The Product and Its Prospects, Berlin, Germany, September 5 to 6, 2002 (Hosted by Japanese-German Center Berlin in cooperation with International Institute for Advanced Studies, Kyoto).
22) Id.
23) Id.
24) Id.

コピーマートの片隅 ⑩　「複写（コピー）時代の著作権　共生モデルとしてのコピーマート」

　1988年秋，ロンドン大学で大量コピー問題と著作権について「コピーセール」講演をしたのが「コピーマート（著作権取引市場）」構想の出発点である。

＊ ＊ ＊

　ロンドン講演のこの「コピーセール」モデルは出版物を対象にしたものである。出版物の各頁に目に見えないか，あるいはごく微小なバーコードで「著作権データ」をプリントしておき，データ処理機能つきのコピー機がコピー毎に代金決済を含む個別の著作権処理をするシステムであった。著作権者の許諾を得た出版物は，1冊単位のみならず頁単位でも販売される。この構想をマルチメディアに対応して発展させたのが，1993年にハーバード大学のシンポジウムで発表した「コピーマート」モデルである。これは出版物に限らず諸々の著作物の著作権データを登録するマーケットと，そのコピーを提供するマーケットを組み合わせた取引市場である。

＊ ＊ ＊

　数年前，ノルウェーの集中処理団体（Kopinor）を創設したある弁護士から「コピーセールは日本でいま稼動しているのか」と質問された。ハイテク日本のことであるからそうした構想の実現も早いと思われた節が感じられた。1988年のロンドン講演でイギリスの集中処理団体（CLA：Copyright Licensing Agency）の代表者であるチャールズ・クラーク氏が「コピーセールは考えられる提言である」と発言され，印象に残っていたが，1994年6月，パリのシンポジウム『著作権の未来』で再度「コピーマート」に触れた私の報告に対して，氏は「我々はあなたの構想を取り入れた契約方式を既に導入して実施している」といって契約条件を見せられた。若干の欧米のハイテク・ベンチャーから情報交換や共同研究の申し出もある。遅すぎることのないように内外の専門家・企業・団体の協力を得て「コピーマート」の共同研究機構づくりを始めようとしているところである。

　結びにいえることは，ディジタル時代におけるソフトウェアの著作権管理の問題は，「正しいコピーのあり方」をいかにポジティブに定義づけるかから出発する，ということである。

（北川善太郎，WIRED March 1995）

コピーマートの片隅 ⑪　「コピーライト・インサイド社会」

　技術に縁の深い特許や商標等の知的所有権を手がける弁理士や弁護士を中心とした国際団体として国際工業所有権保護協会（AIPPI）がある。世界各国の有力な専門家を網羅しており知的所有権に関する立法提言や勧告を行っている重要な団体である。その協会が1997年4月下旬に創立にゆかりの地であるウイーンで100周年記念式典と記念シンポジウムを開催しそれに招かれた。シンポジウム「電子通信とマルチメディア：サイバースペースにおける知的所有権」で5名の報告者のなかで研究者は著作権法の権威であるP・ゴールドスティーン教授（スタンフォード大）とわたしであった。司会者から2人には思い切った視点を出してほしいという注文が予めついていた。

　このシンポジウムで同教授はこれからは著作権保護をできるだけ簡単にしぼるような工夫が必要であるという持論を説いた。音楽作品であれ映画作品であれ人工衛星を介して誰もが著作物にアクセスができ，その使用代金が権利者の手に入ることを提唱する契約モデルである。かれは1994年にこれを"celestial jukebox"（天上のジュークボックス）という表現で発表している。著作権の沿革から説き起こしハイテクノロジーの今日こそ法的革命が必要であることを強調したのが印象的であった。わたしは先に報告をした。その内容は著作権の直接取引ができる著作権市場モデルである「コピーマート」とインターネット取引との関係を扱うものであった。コピーマートは契約モデルそのものであるが，同教授は何回となくその報告でコピーマートに言及されしかも大いに共鳴されたのはうれしかった。

　さて，情報社会において著作権情報がいたるところで問題児になりつつある。これには誰もが頭を痛めている。これを解決するためには情報社会における著作物情報のあり方そのものをもっと考え直す必要があるのではないか。ビジネスであれ研究であれ著作物利用抜きでは考えにくい常態であるにもかかわらず，われわれの社会は著作権処理が外付けになっている社会，つまりコピーライト・アウトサイド社会なのである。

　これを内在化する道がないものか。著作物情報利用が水道水や電気の利用と同じようにできないであろうか。これを可能にするのが契約モデルであり，著作権保有者と利用者との直接の契約ができる市場の生成である。著作物情報が著作権者の許

諾付きで社会に流通し利用者がその利用に対して著作権者に対価を払う仕組みがあればそのようになるのである。そのような市場が内外のあちこちに普及すると，そのうちに利用者は著作物利用に対して代金を支払っているという意識すら持たなくなるであろうし，権利者としてもいちいち関与することなく自分の口座にコピーマートで示していた条件の送金がされる。ここまでくると著作権は外枠でなくて著作権内在型社会が立派に存在している。

　4月上旬にボンで開催されたEU委員会主催の「電子取引」会議に引き続いて，下旬にはウィーンの100周年記念シンポジウムで，いずれもどちらかといえば司会者の注文でコピーマート論を報告し「コピーライト・アウトサイド社会」から「コピーライト・インサイド社会」へという情報社会論にも言及する機会を与えられた。このような発想に対する関心の高まりのようなものを強く感じた。

　　　　　　　　　　　　　　　（北川善太郎,「京都新聞」1997年6月30日）

第6章　コピーマート社会【6.】

コピーマート名城研究所研究員　三浦武範

6.1　近未来の法モデル【61.】
6.2　コピーマート社会【62.】

6.1 近未来の法モデル【61.】

　いつの時代においても，情報や情報処理技術は，社会の基盤を構成するものであるが，とりわけ，情報の処理機器，伝達機器が大きく発達した現代社会は，しばしば，「情報社会」という位置付けをされてきた。こうした位置付けは，単に個々の機器やメディアが発達しただけではなく，それらが相互に結びついたネットワークの発達が進展し，それとともにそのネットワークが社会の最も重要なインフラストラクチャーとして認知されたことを意味している。すなわち，情報社会という語は，産業革命以後の工業段階にある社会が脱工業段階へと移行していくさまをあらわすものとみなされ[1]，新たな社会への移行過程は，人類にとって言語の使用や文字の発明，印刷術の発達などと並ぶ何度目かの新たな情報革命[2]という位置付けを得たのである。現代世界の情報社会化は，情報それ自体やさまざまな社会的財に付加されている情報をめぐって，新たな価値や価値観の創造，あるいは，従来とは異なる価値基準の適用をもたらすこととなった。

　知的財産という概念はこうした社会の変動の中で，重要性を増す一方であり，人間の経済的，文化的な思考や行動に対する規律力をますます強めている。われわれは，知的財産という概念を足がかりとして，人間のさまざまな個人的あるいは集団的営みを捉え直そうとしている。たとえば，国の富という観点においては，それは，国家的なレベルでのプロパテント政策に代表される知的財産重視の潮流を生み出した[3]。また，自然環境，生態系，生物資源，中でも遺伝子の多様性そのものが，医薬品開発等と結びついて，情報そ

れ自体がいわば潜在的知的財産とその権利の巨大な埋蔵庫として意識されるようになった。人間の文化的活動の成果に関しては，UNESCOの「世界遺産」に代表されるように，文化的遺産，文化財に対して，特別な意味が付与されるようになっている。さらに，人間の生産活動の多様化は，知的活動の成果として残される文化財の多様性につながる。たとえば，研究機関において作り出された化学物質は貴重な文化財である[4]。

しかし，新たな正の価値の創出は，同時に，新たな負の価値の創出をも伴い，さらに，新旧の諸価値の緊張状態をもたらすこととなる。そして，こうした社会の移り変わりは，法的な世界にも波及し，現代世界においては，知的財産あるいは知的財産権をめぐってさまざまな問題が噴出している。第1に，いまや，書籍や電子ファイル，CD等の複製そのものが物理的な面でも情報の質を劣化させずにデータを複製するという面においても容易になってきた[5]。そして，複製されたデータの流通に関しては，Napster事件に代表されるようなディジタル・ネットワークにおける規律の問題，放送と通信の融合にみられるように既存の流通様式の流動化現象も生じている[6]。第2に，知的財産そのものの巨大化，複雑化の潮流に伴い，高い流通価値を有する知的財産の創造には，ますます多くの国の多くの人が関わるようになっている。そうした知的財産は，多くの過去あるいは現代の知的財産のモジュールのような形態になる場合もあり，いわゆるマルチメディア，映像，LSIの設計資産（IP）にみられるように[7]，権利の重層化や多数権利者問題の深刻化も顕著になってきている。第3に，以上のような情報の伝達，複製，拡散の速度上昇や規模の深化とは逆に，情報の集中という点でも問題が生じている。すなわち，国や地方公共団体あるいは企業等において，住民や顧客の個人情報の蓄積が容易になるのみならず，多くの断片的な情報をつなげて特定個人を追跡し，個人情報を統一的に把握することも比較的簡単に可能となっているのである。

われわれがこれまでの章においてみてきたとおり，コピーマートは，知的

財産をめぐって社会の中に新たに生じてきたこうした軋轢を法的な観点から効率的に解決するために考案された権利処理モデルである。それは，権利の保護と，権利の対象の円滑な利用とを，同時に実現することを主眼としている。ここで，コピーマートの仕組みについて，改めて概観しておこう[8]。コピーマートは，2つのデータベースからなる複合的な処理モデルである。一つは，コンテンツ自体のデータベースすなわち著作物データベース（コピーマーケット）であり，もう一つは，権利情報データベース（著作権マーケット）である。権利情報データベースに関しては，権利の保護と活用をシステムの中軸においたことが，情報社会における知的財産流通のあり方に着目した最大の特色である[9]。モデルの中でのプレーヤーは，権利者，コピーマート利用者，コピーマート主宰者の3者に集約される。彼らは，それぞれの間で3つの契約を結ぶことになる。ここでは，権利情報データベースが非常に重要な役割を果たしており，権利者あるいは利用者が1人か多数か，利用許諾に特別の制限があるか否か，国際的な展開を図る場合の準拠法はどこの国のものかなど，権利者や利用者のさまざまな属性に応じたサブシステムが必要に応じて用意される。一方で，権利者が特段の条件を付さない場合の共通技術ルール（ディフォルト・ルール）が用意されている。こうした複雑なサブシステムで記載すべき事項がすべて埋まってはいない状態であっても，それ以外の場面では共通技術ルール（ディフォルト・ルール）が機能し権利侵害の心配なく，システムを運用することができる[10]。サブシステムの想定と共通技術ルール（ディフォルト・ルール），コピーマート・ミニマムの概念は，コピーマートの柔軟性を担保するものである。

しかし，コピーマートは，技術や社会の動向と法システムとの間にすでに生じている，あるいは生じつつある軋轢の単なる解消にとどまることなく，新しい潮流に対していち早く対応を試みてきた。著作権，ひいては知的財産権は，それが生み出される場となる社会あるいはコミュニティと切り離して考えることはできない。それは，あるときは専門教育という場であり，ある

6.1 近未来の法モデル

いは，技術的発明の場であり，あるいは行政という場である。コピーマートの持つ基本構造の中のどの部分を重視するかによって，さまざまな応用コピーマートに分化していくのである。

たとえば，権利処理を重視したシステムの構築は，LSI設計資産（IP）や映像のような複雑に入り組んだ権利関係を適切に処理することを可能とする。これらのコンテンツにおいては，多数権利者モデルの構築とそれを適切に処理するディフォルト・ルールの策定は本質的な重要性を持っている。

大学における知的創造行為に着目したのが，教育コピーマートモデルの一つの試みであるオンライン日本法（JALO）プロジェクトである。オンライン日本法プロジェクトの段階的民法学習モデルは，大学における大人数教育の現状認識をもとに，その中で，可能な限り，おのおのの学生の到達度を見極めようとするオンライン教育のあり方を提唱している[11]。そこでは，教師の話す言葉，作成したプリント，板書といった日常的な教育活動がそのまま知的な創造活動のあらわれであり，同時に，過去に創造された，あるいは教師自身が創造した知的財産の利用活動でもある。理念的には，権利の大量処理，集中処理でありつつ，個別性の観点からみても破綻を来さないコピーマートのあり方を教育という場に応用したものである。また，大学や研究機関において創出された知的財産の活用という観点からは，技術移転コピーマートや化学物質コピーマートが生まれている。

社会・共同体の基盤としての法情報，その執行や適用に関するデータの保存と活用という観点から，行政情報コピーマートが構想されている[12]。行政機関における各種行政文書は，情報公開，自己情報コントロール権としてのプライバシー権といった現代のわれわれの生活に密接に関わっていると同時に，貴重な歴史的資料としての価値をも有している。もっとも，行政情報コピーマートは，コンテンツである行政情報の公的性格と相まって，他のコピーマートとはかなり異なる性質を持つものとなるであろう。

こうしてみれば，本書でとりあげた各種の応用コピーマートは例示にすぎ

ず，今後もさまざまな知的財産の存在形態や活用形態に応じたコピーマートを構想できるであろう。コピーマートは，幅広いディジタルコンテンツを取り扱いの対象としている。取り扱うコンテンツをデータ形式に即してみれば，テキスト情報，動画や画像，物質，特許など多岐に渡り，その内容は，小説や論文，行政文書，化学物質，技術移転，教育など，人文，社会，自然科学から芸術，娯楽に至る人間のあらゆる知的活動にまつわる情報を包含している。また，こうした情報は，コピーマート・コードの付与により，適切に分節化される。そうして分節化された情報は，個々のコピーマートを超えて自在に組み合わされ，検索され，流通するのである。

　コピーマートは，はるかに遠い将来——そこでは著作権やその他の知的財産権の法制度，あるいはその対象となるコンテンツ自体がどのような形をとっているのか予想もつかない——を念頭に置いた法モデルではない。それは，現代社会の抱える難問はいかなる方法で解決されるのかという問題意識から出発し，現行法の枠組みを基盤とした新たな法モデルの提示に至るものである[13]。コピーマートは，従来の契約理論の枠組みではまかなうことのできない統合されたシステム契約を現行法の枠組みの中で十分実現しうる[14]，現代の諸問題を解決するためのモデルである。2003年に設立されるコピーマート研究所（**CMI**）は，コピーマートに関するビジネスと研究をつなぐ存在であり，それは，コピーマート構想が現行法の枠組みの中で実現しうるからこそ実現可能となった研究形態なのである。

6.2 コピーマート社会【62.】

　近未来の法モデルとしてのコピーマートは，情報の適切かつ効率的な検索と利用を促す足場を提供することにより，社会全体での情報活用の最適化，効用の最大化促進の一助となることを目指している。社会制度としての法，すなわち社会における法のあり方を「社会統制を通じて，人間の欲求や要請，願望を絶えることなくより広く認識し，実現」しようとしてきた社会工学 social engineering[15] と捉えるならば，コピーマート構想は，情報工学の助けを得ることにより，単なる比喩にとどまらない真の社会工学としての法モデルを提供することになるであろう。「社会あるところ法あり」という古代ローマの法格言にあるとおり，コピーマートの提示しようとする法モデルは，情報技術に契約の枠組みを与えることにより，情報社会という現代社会の重要な一側面にふさわしい法モデルとなっているのである。すでに，第3章でみてきたように，国際高等研究所においては，21世紀の文化，科学，技術のあり方を問う数多くの研究事業が遂行されている[16]。「情報市場における近未来の法モデル」プロジェクトは，多くの研究事業の一つであるが，同時にそうした多くの研究事業自体を統合的に紹介する場を提供するものでもある。少なくとも，文化，科学，技術のあり方に興味を抱く人が必要な情報をさまざまなプロジェクトから自分なりに取り込み，立体的に把握するための手助けとなる。ここでは，情報を適切に分節化するコピーマート・コードが決定的な役割を果たしており，そのことからもわかるように，学術レベルのみならず，産業・文化レベルでのさまざまな情報流通においても，このプロ

ジェクトの基本枠組みは適用可能である。こうした情報の統合化をいっそう促進するために、コピーマート研究は、コピーマート研究所の設立、さらにはコピーマートにおいて取り扱われるコンテンツとその権利処理をめぐる紛争処理機関（ADR）の構想という新たな段階に入っている。近年、さまざまな分野において、紛争処理機関・仲裁機関の役割に注目が集まっている[17]。独自の紛争処理機関の設立により、コピーマートという存在も、それ自体として社会の中での自律性を持ったコミュニティへと発展する可能性を手に入れるであろう。

　こうした意味で、コピーマートは、「情報文化革命」をもたらす「文化のフォーラム」であり、そのフォーラムは、「コピー」という語が豊饒の女神Copiaという語源にふさわしい本来の意義を取り戻すことのできる自立的な場なのである[18]。ここでいう「情報文化革命」とは、活版印刷の発明、コンピュータの情報処理能力の飛躍的進歩といった技術革新自体のことではない[19]。むしろ、そうした革新は、流通する情報の量が良くも悪くも質に転化するという現象を伴いつつ、人々の意識が変わっていく場を創造する。そこでは、言葉や品物、情報が単に存在するのではなく、活発に交換され、正しくコピーされていくことにより、価値を付与される。

　文化の要素として価値付与された情報は、人々の間の社会的なコミュニケーションを通じて生み出されていくものであり[20]、その相互的なコミュニケーションの活力こそが情報社会の豊かさそのものということができる。かつての印刷術は、近代社会の精神形成に対して、読書大衆や新たな文人階級の勃興をもたらすと同時に、集権主義の道具としての役割を果たしてきた[21]。契約に基礎を置くコピーマート社会は、そうした側面をさらに拡大しつつ、人々の個別性やコミュニケーションとフィードバックの契機をもすくい取ろうとする形で、情報社会の豊かさを体現する社会モデルなのである。

[註]

1）田中一編『社会情報学』60-61頁（培風館，2001年）参照。情報社会の概念の変遷については，折笠和文『高度情報化社会の諸相——歴史・学問・人間・哲学・文化』（改訂増補版）45-65頁（同文館出版，2002年），田崎篤郎・船津衛編著『社会情報論の展開』（北樹出版，1997年）第1章を参照。

2）たとえば，柳瀬優二・松尾守之『情報社会と科学思想』158-168頁（東海大学出版会，2002年）参照。

3）本書4.3参照。

4）本書4.5参照。

5）本書1.1参照。

6）本書1.2，4.2参照。

7）本書4.2，4.4参照。

8）本書第2章参照。

9）従来の書籍における書誌情報としては，権利情報は必ずしも重視されてこなかった。たとえば，津田良成編『講座・情報と図書館5——情報システム論』76-77頁（雄山閣，1983年）における「書誌的エレメント」には著作権・知的財産権情報の要素は含まれない。しかし，1990年頃から本格化した電子図書館構想においては，いわゆるダブリン・コア〈http://www.dublincore.org/〉のメタデータ記述規則にみられるように，欠くことのできない要素である。

10）本書2.5参照。

11）本書3.2参照。

12）本書4.6参照。

13）北川善太郎『近未来の法モデル——近未来から現代を考える』（高等研選書5）30-31頁（国際高等研究所，1999年）参照。

14）本書1.2.3参照。

15）R. Pound, *An Introduction to the Philosophy of Law*, rev. ed., Yale University Press, 1954, p.47（恒藤武二訳『法哲学入門』58-59頁（ミネルヴァ書房，1957年），ただし，本文中の訳は筆者による），碧海純一『法と社会』119頁（中央公論新社，1966年）参照。

16）本書3.1参照。

17）近年，とくに注目すべき新たな紛争処理機関として，ドメイン名紛争に関する仲裁制度がある。これについて，北川善太郎「WIPO仲裁センターの設立とそ

の意義——紛争解決における共鳴論の視点」日本国際経済法学会年報第4号（1995年）参照。

18) 北川善太郎「『著作権取引市場モデル"コピーマート"』——技術を活用した法モデルのコピー問題に対する『解』」CYBER SECURITY MANAGEMENT, Vol.3, No.27, 23頁（2002年）。

19) 「……メッセージを伝達する速さは，決して歴史の動きの行く末を予告するものではなかった。」（J.ヌーマン，北山節郎訳『情報革命という神話』86頁（柏書房，1998年）。

20) 児島和人編『講座社会学8 社会情報』28-29頁（東京大学出版会，1999年）参照。

21) E.L.アイゼンステイン，別宮貞徳監訳『印刷革命』102-106頁（みすず書房，1987年）参照。

コピーマート関連用語集

■ア行

IMC（Image and Movie Copymart）
　→映像著作権協議会

IP　→設計資産

IPA（Information-Technology Promotion Agency, Japan）→情報処理振興事業協会

IPブロック契約コピーマート 【44.53】

アーカイブに関する研究会 【46.2】

ECMS（Electronic Copyright Management System）→電子著作権管理システム

インターネット上の知的財産権流通市場 【43.52】

映像アーカイブセンター 【42.5】

映像コピーマート 【42.】【42.4】

映像著作権協議会（Image and Movie Copymart : IMC）【42.5】

映像流通センター 【42.5】

eizomart™ 【42.6】

eizomart™の契約モデル 【42.62】

㈱NTTデータ 【42.5】【42.6】

MP3（MPEG 1 Layer-3 Audio）【11.3】

オフライン・サービス 【25.2】

オープンソース 【12.11】

オンライン日本法（Japanese Law Online : JALO）【32.】

オンライン版 【31.42】【32.22】

オンライン民法講要 【32.21】

■カ行

外国におけるコピーマート研究報告 【51.】

化学物質コピーマート（多環芳香族炭化水素のコピーマート）【45.】【45.4】

化学物質コピーマート研究会 【45.4】

「化学物質は文化財」構想 【45.2】【45.3】

学習テスト 【32.21】

学術情報システムの高等研モデル 【31.1】【31.41】

学術情報システムの3つの軸 【31.41】

拡大アプローチ
　→Maximalist Approach

技術移転とコピーマート 【43.】【43.7】

技術と法との共生モデル 【27.】【42.7】

既存の集中処理システムとコピーマート 【25.43】【52.3】

教育コピーマート 【32.5】

教育システムとしてのオンライン日本法 【32.2】

「共同研究の法モデル」プロジェクト 【43.7】

行政情報コピーマート　【46.】【46.4】

共通技術ルール（ディフォルト・ルール／何もなければそこに戻る共通モデル）【46.4】【46.5】【61.】

共通コード　【31.41】

㈶京都高度技術研究所　【3.n】

近未来の法モデル　【61.】【62.】

Gnutella（グヌーテラ）【12.13】

CLARCS（CLA's Rapid Clearance Service）【51.】

研究過程の学術情報システム（高等研モデル）【31.41】

研究成果の学術情報システム（高等研モデル）【31.42】

権利の個別処理　【25.43】

高等研選書　【31.42】

高等研報告書　【31.42】

「高度情報社会における知識情報システムの開発研究」プロジェクト　【3.n】

㈶国際高等研究所　【31.】

Copia　【27.】【52.5】【62.】

コピーセール　【21.】【51.】

コピーセール代金　【25.32】

コピーマート　【13.2】【2.n】【25.1】【61.】

コピーマートが利用される分野　【26.】

コピーマート研究会　【2.n】

コピーマート研究所（CMI）【61.】

コピーマート・コード　【31.41】

コピーマート社会　【6.】

コピーマート主宰者　【2.n】【25.2】【32.32】【61.】

コピーマート出版　【32.22】

コピーマート・シンポジウム（ベルリン）【5.n】【51.】

コピーマート登録手数料　【25.32】

コピーマートの権利の集中処理機能　【25.42】

コピーマートの市場性　【25.41】

コピーマートの代金支払システム　【25.32】

コピーマートの利用料金　【25.32】

コピーマート・ミニマム　【4.n】【61.】

コピーマート名城研究所　【3.n】【32.】【43.41】

コピーマート利用契約　【25.31】

コピーマート利用手数料　【25.32】

■サ行

債権者のいない請求権　【22.】

最小限アプローチ
　→Minimalist Approach

コピーマート関連用語集　**223**

Southwest Research Institute（SwRI）
　【43.42】

サブシステム　【42.42】【46.5】【61.】

参照コード　【31.41】

GNU　【12.11】

CLA（Copyright Licensing Agency）　【51.】

JASRAC　→日本音楽著作権協会

JALO（Japanese Law Online）
　→オンライン日本法

システムLSI　【44.1】

システム契約　【25.1】

CMI　→コピーマート研究所

CD版　【31.42】【32.22】

私的録音録画補償金　【22.】

自動公衆送信　【12.12】

GPL　【2.n】

集積回路　【44.1】

集中処理　【22.】

「情報市場における近未来の法モデル」プロジェクト　【3.n】【31.1】【31.3】【45.3】

情報処理振興事業協会（Information-Technology Promotion Agency, Japan：IPA）　【3.n】

情報文化革命　【27.】【62.】

書籍版　【31.42】【32.22】

スターデジオ事件　【12.12】

設計資産（IP）　【44.1】

設計資産（IP）コピーマート　【44.】【44.5】

設計資産（IP）の取引市場　【44.51】

総合研究開発機構（NIRA）　【3.n】

■タ行

TLO　【43.2】

「大学における知的財産権研究」プロジェクト　【43.41】

ダイジェスト　【32.21】

大量コピー　【22.】

多環芳香族炭化水素のコピーマート
　→化学物質コピーマート

多数権利者問題　【42.42】

段階的法学習　【32.2】

知識ユニット　【13.3】【2.n】【31.42】【4.n】
　【45.3】

『知の結集』　【32.22】

著作権市場（著作権マーケット）
　【2.n】【25.1】【25.2】【61.】

著作権データ　【25.2】

著作権データ登録契約　【25.31】

著作権データベース　【25.2】【61.】

著作権と関連作品コピーマート　【41.】

著作権と関連するIPコピーマート【41.】

著作権と関連するビジネスシステムコピーマート　【41.】

著作権のある著作物＋コピーマート【41.】

著作権マーケット　→著作権市場

著作物コピーのライブラリ（高等研モデル）【31.42】

著作物市場（著作物マーケット）【2.n】【25.1】【61.】

著作物データベース【25.1】【61.】

著作物のコピーを提供する契約【25.3】

著作物マーケット　→著作物市場

DRMS（Digital Right Management System）→ディジタル権利管理システム

DNAチップ【43.7】

ディジタル化・情報入力センター【42.5】

ディジタル権利管理システム（Digital Right Management System：DRMS）【13.1】

ディフォルト・ルール　→共通技術ルール

電子著作権管理システム（Electronic Copyright Management System：ECMS）【13.1】

■ナ行

Napster【12.13】

何もなければそこに戻る共通モデル　→共通技術ルール

2次コピー問題【25.33】

二重払い問題【25.43】

日本音楽著作権協会（JASRAC）【12.22】

日本複写権センター【22.】

日本法トピックス【32.21】

■ハ行

バイ・ドール法【43.3】

VAN（Value Added Network）システム【24.】【51.】

ピア・ツー・ピア（Peer-to-Peer）【12.13】

㈶比較法研究センター【3.n】

ファイル交換サービス【12.13】

ファイルローグ事件【12.13】

放送【12.12】

■マ行

Maximalist Approach（拡大アプローチ）【43.42】

マーケット・アプローチ【2.n】

Minimalist Approach（最小限アプローチ）【43.42】

㈶未来工学研究所【46.2】

■ラ行

利用者編集版【31.42】【32.22】【32.31】

監修者紹介

北川善太郎（きたがわ ぜんたろう）

1932年京都府生まれ。法学博士・名誉法学博士，民法。1956年京都大学法学部卒業，1961年京都大学大学院博士課程修了，助手，1962年助教授，1970年教授，1996年定年退官。この間ワシントン大学・ハーバード大学・ミュンヘン大学・マールブルク大学客員教授，京都大学学生部長，法学部長を歴任。現在，京都大学名誉教授，名城大学法学部教授，㈶国際高等研究所副所長，㈶比較法研究センター理事長。

主要著書

『契約責任の研究』（有斐閣，1963年）

『日本法学の歴史と理論』（日本評論社，1968年）

Rezeption und Fortbildung des europaeischen Zivilrechts in Japan（Alfred Metzner Verlag，1970）

『現代契約法Ⅰ・Ⅱ』（商事法務研究会，1973年，1976年）

『消費者法のシステム』（岩波書店，1980年）

『民法の理論と体系』（一粒社，1987年）

『レクチャー民法入門』（有斐閣，1988年）

『技術革新と知的財産法制』（有斐閣，1992年）

『民法講要Ⅰ～Ⅵ』（有斐閣，1993～1995年）（Ⅰ～Ⅴ［第2版］，1995～2002年）

『民法講要CD-ROM』（有斐閣，1997年）

『近未来の法モデル―近未来から現代を考える』（高等研選書5，1999年）

Kitagawa, Doing Business in Japan 7Vols.（General Editor）（Matthew Bender, 1980 to date［34版］）

『産学連携高等研モデル』（高等研報告書，2003年）

『コピーマート 情報社会の法基盤』（有斐閣，2003年）

ライブラリ 電子社会システム=4
インターネットにおける
著作権取引市場 コピーマート
2003年3月10日 ⓒ　　初 版 発 行

監修者	北川善太郎	発行者	森 平 勇 三
編 者	コピーマート	印刷者	山 岡 景 仁
	研究会	製本者	石 毛 良 治

【発行】　　株式会社　新世社
〒151-0051　東京都渋谷区千駄ヶ谷1丁目3番25号
☎(03)5474-8818(代)　　サイエンスビル

【発売】　　株式会社　サイエンス社
〒151-0051　東京都渋谷区千駄ヶ谷1丁目3番25号
☎(03)5474-8500(代)　　振替00170-7-2387

印刷 三美印刷　　　　製本 石毛製本所
《検印省略》
本書の内容を無断で複写複製することは，著作者および出版者の権利を侵害することがありますので，その場合にはあらかじめ小社あて許諾をお求めください。

ISBN 4-88384-046-8
PRINTED IN JAPAN

サイエンス社のホームページのご案内
http://www.saiensu.co.jp
ご意見・ご要望は
shin@saiensu.co.jpまで